DUGUAY-TROUIN

DUGUAY-TROUIN

BIBLIOTHÈQUE VARIÉE

DR PHILIPPS

DUGUAY-TROUIN

PARIS

LIBRAIRIE GÉNÉRALE DE VULGARISATION

9, RUE DE VERNEUIL, 9.

BIBLIOTHÈQUE VARIÉE

Avec Gravures dans le Texte

A 1 fr. 50 LE VOLUME

RAOUL POSTEL

Nos Aïeux......... .... 1 vol.

RAOUL JEUDY

Agrégé de l'Université

Types et Scénarios des **COMÉDIES** de Shakespeare.............................. 1 vol.

Types et Scénarios des **DRAMES** et des
FÉERIES de Shakespeare............ 1 vol.

Dᴿ PHILIPPS

René Duguay-Trouin..................... 1 vol

Jean Bart et Du Quesne................. 1 vol.

ALEXANDRE CLERC

Chez les Yankees....................... 1 vol.

JEAN LAROQUE

Par delà la Manche..................... 1 vol.

ÉDOUARD LABESSE

Le Livre d'Images...................... 1 vol.

Dᴿ REUSS

A travers l'Algérie.................... 1 vol.

Paris — Soc. d'Imp. PAUL DUPONT, 41, rue J.-J.-Rousseau (Cl.) 1.4.84.

RENÉ DUGUAY-TROUIN

CHAPITRE PREMIER

Sa famille; sa jeunesse. — Guerre avec l'Angleterre et la Hollande.
— Campagnes de 1689 à 1696. — Sa captivité à Plymouth; son
évasion.

Né à Saint-Malo, le 10 juin, en 1673, René Duguay-Trouin était le fils d'un riche armateur de ce port,
qui commandait tour à tour ses propres navires, chargés pour le commerce en temps de paix, ou équipés
en corsaires lorsque la guerre éclatait de côté ou d'autre, avec l'Angleterre, l'Espagne ou la Hollande. René
Duguay nous le dit lui-même dans un mémoire auto-
graphié sur sa vie, qu'il a laissé et qu'on peut consul-
ter aux Archives de la Marine.

« Mon père, dit-il, était négociant ; il s'était acquis la réputation d'un très-brave homme et d'un habile marin. »

La jeunesse de René fut agitée comme celle de tous les hommes prédestinés à une vie retentissante. Destiné d'abord à l'Église par les vues peu ambitieuses de sa famille, il fut placé au collège de Rennes, en Bretagne, et reçut même, dit-on, la tonsure, car son père se proposait de l'envoyer en Espagne, auprès de l'évêque de Malaga, frère naturel du roi d'Espagne, et protecteur de la famille Duguay, dont un des membres avait presque constamment été en possession du consulat de Malaga. On espérait obtenir, par le patronage de ce prélat tout-puissant, quelque bon bénéfice en faveur du jeune René. Mais le père de notre héros mourut sur ces entrefaites, et avec lui s'éteignit cette volonté de fer qui n'eût probablement réussi qu'à gratifier l'Église d'un prêtre fort peu édifiant.

Après avoir, en quelque sorte, jeté le froc aux orties, René quitta Rennes et vint étudier la philosophie au collège de Caen. Tout son être semblait transformé par les premières aspirations de la liberté qui lui était rendue. Il faisait peu de progrès dans ses études métaphysiques ; mais, en revanche, il ne cédait à aucun de ses condisciples pour son adresse à tous les exercices du corps. Escrime, gymnastique, natation, tels étaient

les jeux favoris de cette riche nature, impatiente de
se développer sur un plus vaste théâtre. Ce fut au
sortir de l'Académie de Caen que Duguay-Trouin se
trouva le héros d'une foule d'aventures de toutes sortes,
dont il serait trop long de parler ici. Aussi s'occupait-
il fort peu ou point de marine. En vain, sa pauvre
mère, qui l'aimait à l'adoration, le suppliait-elle de
venir s'embarquer à Saint-Malo; en vain lui rappelait-
elle toutes les gloires maritimes qui rayonnaient autour du nom de son antique famille de corsaires. Duguay-Trouin arrivait, embrassait sa mère, lui racontait
ses folies, dont elle tremblait et riait à la fois; puis,
après avoir charmé, consolé sa mère, il repartait, lui
disait-il gaiement, pour recommencer à expérimenter
la terre, tant et si bien, qu'une fois homme de mer,
il n'y voulut plus poser le pied.

Duguay-Trouin raconte ses aventures dans ses *Mémoires*. Nous y choisirons deux anecdotes qui prou-
vent combien ses principes étaient honnêtes, malgré le
débordement de fougue auquel se livrait sa nature, et
auquel tant d'autres auraient dû quelque dernière es-
capade déshonorante ou irréparable. Ayant, dans une
querelle, mis l'épée à la main, la partie était devenue
tellement inégale (parce que deux amis de l'adversaire
de René s'étaient joints à son agresseur), que notre
héros allait périr victime d'un véritable assassinat,

lorsqu'un gentilhomme du pays, venant à passer, se rangea du côté de Duguay, le dégagea et l'emmena souper à son auberge. « Ce gentilhomme, dit Duguay-Trouin, dans ses *Mémoires*, était cependant un honnête filou que je ne connaissais pas, et même qui n'était pas bien connu pour tel. Je l'appelle honnête, en ce qu'il perdait noblement son argent ; mais aussi, dès qu'il en manquait, il mettait son adresse en pratique. Au demeurant, il était brave, et joignait à une belle figure beaucoup d'esprit et des manières fort engageantes, le tout accompagné d'une passion pour les plaisirs et pour le vin qui allait jusqu'à la plus extrême débauche. Belle école pour un jeune homme de mon âge ! Il voulait que je fusse de toutes ses fêtes ; il m'apprit même quelques *tours de cartes et de dés*, dont, grâce à Dieu, je n'ai jamais fait usage. »

Toujours est-il que Duguay-Trouin passa du temps en compagnie de ce beau gentilhomme, gai diseur, galant escroc, spadassin querelleur, ivrogne et débauché. Deux ou trois gaillards de la même trempe se joignant à eux, ce n'était plus qu'orgies sur orgies, brelans sans fin où le pauvre René perdait plus qu'il ne gagnait, malgré les charitables leçons de son ami le gentilhomme, qui se moquait de ses scrupules. Puis, au sortir de ces séances, après le jeu et dans les accès de l'ivresse

c'étaient les rixes avec le guet, des luttes avec des va-
lets ; tantôt des victoires, tantôt des défaites et des coups ;
puis des poursuites de justice auxquelles il fallait échapper à force de stratagèmes ; enfin une vie si désorientée
que tout autre que René y eût laissé en six mois sa
santé, son honneur, son avenir ; et René n'avait que
dix-sept ans ! Une dernière aventure plus terrible que
toutes les précédentes mit fin à ces désordres. Un duel
eut lieu : René tua son adversaire. Le parlement de
Rouen évoqua l'affaire, qui prit bientôt un tel caractère
de gravité, que Duguay s'enfuit à Paris avec trois pièces d'or pour toute ressource. Il arrive, entre, pour se
remettre de ses fatigues, dans un cabaret du cul-de-sac
Richelieu, et il s'est à peine attablé, qu'un laquais
vient demander deux bouteilles de vin pour M. Trouin
de la Barbinais. C'était le frère aîné de René, consul à
Malaga, et qu'une déclaration de guerre à l'Espagne
ramenait en France.

Au nom de son frère, Duguay ne doute pas qu'il ne
soit à sa poursuite. Il repart aussitôt, gagne le coche et
revient à Caen, d'où il se rend à Saint-Malo pour conter
ses malheurs et ses craintes à sa mère désolée. Le conseil de famille s'assemble aussitôt, et résout que pour
sauver l'honneur du cadet, il faut l'embarquer au plus
vite sur *la Trinité*, frégate de dix-huit canons, appartenant à un de ses oncles.

L'étude que nous offrons à nos lecteurs est composée, nous les en prévenons dès à présent, presque exclusivement d'après le texte même des *Mémoires* autobiographiques que l'illustre marin écrivit de son vivant. Ces Notes sont d'un style tout à la fois si naïf et si facile que personne, assurément, ne se plaindra de la façon dont nous avons compris notre travail.

Laissons donc Duguay-Trouin raconter naïvement ses premières campagnes.

« Au commencement de l'année 1689, la guerre étant déclarée avec l'Angleterre et la Hollande, je m'embarquai, en qualité de volontaire, sur *la Trinité*. Je fis, à bord de cette frégate, une campagne si rude et si orageuse, que je fus continuellement incommodé du mal de mer. Nous nous étions emparés d'un vaisseau anglais chargé de sucre et d'indigo ; et le voulant conduire à Saint-Malo, nous fûmes surpris en chemin d'un coup de vent de nord très violent qui nous jeta sur les côtes de Bretagne, pendant une nuit fort obscure. Notre prise échoua par un heureux hasard sur des fonds de vase, après avoir passé sur un grand nombre d'écueils au milieu desquels nous fûmes obligés de mouiller toutes nos ancres, et d'amener nos basses vergues, ainsi que nos mâts de hune ; et pour dernière ressource, de mettre notre chaloupe à la mer. Tout ce.que nous pûmes faire

n'empêcha pas que cet orage, dont la furie et l'impétuosité augmentaient à chaque instant, ne nous jetât
si près des rochers, que notre chaloupe fut engloutie
dans leurs brisants. Mais au moment même que nous
étions sur le point d'avoir une pareille destinée, et que
tout l'équipage gémissait aux approches d'une mort qui
paraissait inévitable, le vent sauta tout d'un coup du nord
au sud, et, faisant pirouetter la frégate, la poussa aussi
loin des écueils que la longueur de ses câbles pouvait
le permettre. Ce changement de vent inespéré apaisa
subitement la tempête et l'agitation des vagues, à tel
point que nous relevâmes, sans trop de peine, notre prise
de dessus les vases où elle était engravée, et que nous
nous trouvâmes en état de la conduire à Saint-Malo,
sans nouvel accident.

« Notre frégate y ayant été carénée de frais, nous ne
tardâmes pas à retourner en croisière, et, ayant rencontré un corsaire de Flessingue, aussi fort que nous,
nous lui livrâmes combat, et l'abordâmes de long en
long ; je ne fus pas des derniers à me présenter pour
m'élancer à son bord. Notre maître d'équipage, à côté
duquel j'étais, voulut y sauter le premier ; il tomba par
malheur entre les deux vaisseaux, qui, venant à se
joindre dans le même instant, écrasèrent à mes yeux
tous ses membres, et firent rejaillir une partie de sa cer-
velle jusque sur mes habits. Cette vue m'arrêta, d'autant

plus que je réfléchissais que, n'ayant pas comme lui le pied marin, il était moralement impossible que j'évitasse un genre de mort si affreux. Sur ces entrefaites, le feu prit à la poupe du corsaire qui fut enlevé l'épée à la main, après avoir soutenu trois abordages consécutifs, et l'on trouva que, pour un novice, j'avais témoigné assez de fermeté.

« Cette campagne, qui m'avait fait envisager toutes les horreurs du naufrage et celles d'un abordage sanglant, ne me rebuta pas. Je demandai, l'année suivante, à ma famille, et j'obtins la permission de m'embarquer sur une autre frégate de vingt-huit canons, nommée *le Grénédan*, que mon oncle faisait armer en course, et je n'y sollicitai point encore d'autre place que celle de volontaire. Je fus assez heureux pour me faire distinguer dans la rencontre que nous fîmes de quinze vaisseaux anglais venant de long cours. Ils avaient beaucoup d'apparence, et la plupart de nos officiers les jugeaient vaisseaux de guerre ; en sorte que notre capitaine balançait sur le parti qu'il avait à prendre. Malgré ma qualité de simple volontaire, il se croyait obligé de garder avec moi quelques ménagements, par rapport à ma famille, à qui la frégate appartenait ; il savait d'ailleurs que, quoique fort jeune, j'avais le coup d'œil assez juste pour distinguer les vaisseaux. Je lui dis que j'avais observé ceux-ci avec mes lunettes d'approche ; qu'ils n'étaient sûrement que navires de commerce, et qu'il y allait ainsi de son honneur de ne pas perdre une si belle occasion. Il déféra à mes instances réitérées, et nous attaquâmes hardiment cette flottille. Le vaisseau commandant, percé à quarante canons, et monté de vingt-huit, fut d'abord enlevé ; je fus le premier à sauter dans son bord. J'essuyai un coup de pistolet du capitaine anglais, et l'ayant blessé d'un coup de sabre, je me rendis maître de lui et de son vaisseau. Dès qu'il fut soumis, mon capitaine m'appelant à haute voix, m'ordonna de repasser dans le nôtre, avec ce que je pourrais rassembler des vaillants hommes qui m'avaient suivi. J'obéis, et un instant après nous abordâmes un second vaisseau de vingt-quatre canons. Je m'avançai sur notre bossoir pour sauter le premier à bord, mais la secousse de l'abordage, et celle de notre beaupré qui brisa le couronnement de la poupe de l'ennemi, fut si violente, qu'elle me fit tomber à la mer, avec un autre volontaire qui se trouvait à côté de moi. Comme ce brave garçon ne savait pas nager, c'était fait de lui, s'il n'eût trouvé dans sa main quelque débris de la poupe de l'Anglais. Il s'y accrocha, et fut sauvé par le premier vaisseau enlevé, qui nous suivait de près, et qui, le voyant perché sur ce débris, mit son canot à la mer pour l'aller prendre. Pour moi qui tenais, lorsque je tombai, une manœuvre à la main, je ne la quittai point, et je fus repêché par quelques matelots de notre équipage qui me retirèrent par les pieds. Quoique étourdi de cette chute, et mouillé par-dessus tête, je me trouvai encore assez de force et d'ardeur pour sauter dans ce second vaisseau et pour contribuer à sa prise. Cette action fut suivie de l'enlèvement d'un troisième, et si la nuit, qui survint, ne nous avait empêché de poursuivre notre petite victoire, elle eût été bien plus complète.

« Cette aventure me fit tant d'honneur par le récit qu'en firent le capitaine et tous ceux qui composaient l'équipage, que ma famille crut pouvoir risquer de me confier un petit commandement. On me donna donc une frégate de quatorze canons. A peine fus-je rendu sur la croisière, qu'une tempête me jeta sur la rivière de Limerick. J'y descendis, et m'emparai d'un château qui appartenait au comte de Clarck. Je brûlai deux vaisseaux qui étaient échoués sur les vases. Cette opération fut exécutée malgré l'opposition d'un détachement de la garnison de Limerick, qu'il fallut combattre. Je me retirai en bon ordre, et repris la mer dès que l'orage eut cessé. La frégate que je montais n'allant pas bien, et m'ayant fait manquer plusieurs prises par ce défaut, on me donna un meilleur navire à mon retour à Saint-Malo. C'était *le Coetquen*, armé de dix-huit canons.

« Je me remis en mer, en 1692, accompagné d'une autre frégate de même force. Nous découvrîmes le long de la côte d'Angleterre trente vaisseaux marchands anglais, escortés par deux frégates de guerre de seize canons chacune. Je les combattis seul, et me rendis maître de l'une et de l'autre, après une heure de combat assez vif. Mon camarade s'attacha pendant ce temps-là à s'emparer des vaisseaux marchands ; il en prit douze, que nous nous mîmes en devoir d'escorter dans le plus prochain port de Bretagne. Mais nous trouvâmes en chemin cinq vaisseaux de guerre anglais qui m'en reprirent deux, et qui me firent essuyer bien des coups de canon, pour pouvoir sauver le reste, que je fis entrer en rade de l'île de Bréhat; cette île est entourée d'un grand nombre d'écueils qui les mirent à couvert. Pour moi, je me réfugiai dans la rade d'Arguy, située à neuf lieues de Saint-Malo, et toute hérissée de rochers que cette escadre anglaise ne connaissait pas. Ceux qui se trouvèrent le plus près de moi, et les plus opiniâtres à me poursuivre, se mirent dans un danger évident de se briser sur ces rochers, et furent contraints de m'abandonner.

« Peu de jours après, je sortis de cette rade sans aucun pilote. Les miens avaient été tués ou blessés, et ceux de nos officiers qui auraient pu y suppléer avaient été obligés de descendre à terre pour se faire panser de leurs blessures. Ainsi je me vis dans la nécessité de régler moi-même la route du vaisseau pendant le reste de la campagne, non sans un grand travail d'esprit et de corps.

« Une tempéte me jeta jusque dans le fond de la Manche de Bristol, et si près de terre, que je fus forcé de mouiller sous une île nommée Dondey, située à l'entrée de la rivière de Bristol. Ce péril fut suivi d'un autre qui n'était pas moins embarrassant. Il parut, dès que l'orage fut un peu diminué, un vaisseau de guerre anglais de soixante canons, qui faisait route pour venir mouiller où j'étais. Le danger était pressant. Pour l'éviter, je fis mettre toutes mes voiles sous des fils de caret prêtes à se déployer ; et tout d'un coup je coupai mes câbles, et mis à la voile pour un autre côté de l'île, tandis que ce vaisseau arrivait par l'autre. Il me chassa jusqu'à la nuit, et la nuit seule me sauva. Cela n'empêcha pas que je ne fisse, huit jours après, deux prises anglaises, chargées de sucre et venant des Barbades, avec lesquelles j'allai désarmer dans le port de Saint-Malo.

« Mon frère obtint pour moi, quelque temps après, la flûte du roi *le Profond*, de trente-deux canons ; et je me rendis à Brest pour en prendre le commandement. La campagne ne fut pas heureuse. Je croisai trois mois sans faire la moindre prise ; et j'essuyai un assez fâcheux combat de nuit avec un vaisseau de guerre suédois de quarante canons, lequel me prenant pour un Algérien, m'attaqua le premier, et s'opiniâtra à me combattre jusqu'au jour. Pour surcroît d'infortune, la fièvre chaude fit périr quatre-vingts hommes de mon équipage, et m'obligea de relâcher à Lisbonne pour rétablir mon vaisseau et le faire caréner. Après quoi je sortis, et pris un vaisseau espagnol chargé de sucre ; ce fut le seul que je pus joindre de plusieurs autres que je rencontrai, parce que *le Profond* allait fort mal.

« A la fin de cette année, j'obtins le commandement de la frégate du roi *l'Hercule*, de vingt-huit canons, et m'étant mis en croisière à l'entrée de la Manche, je pris cinq à six vaisseaux tant anglais que hollandais, et deux autres qui venaient de la Jamaïque, considérables par leur force et par leurs richesses. Les circonstances de cette action sont trop singulières pour ne pas être détaillées.

« J'avais croisé plus de deux mois, et je n'avais plus que pour quinze jours de vivres. J'étais d'ailleurs embarrassé d'un grand nombre de prisonniers et de plus de soixante malades. Mes officiers et tout mon équipage voyant que je ne parlais pas encore de relâcher, me représentèrent qu'il était temps d'y penser, et que l'ordonnance du roi était positive là-dessus. Je ne l'ignorais pas ; mais j'étais saisi d'un espoir secret de quelque heureuse aventure, qui me faisait reculer de jour en jour. Quand je me vis pressé, j'assemblai tous mes gens, et les ayant harangués de mon mieux, je les engageai, moitié par douceur, moitié par autorité, à me donner encore huit jours, et à consentir qu'on diminuât le tiers de leur ration ordinaire, en les assurant que si nous faisions capture, je leur en accorderais le pillage et les récompenserais amplement. Je ne disconviendrai pas à présent que ce parti n'était rien moins que raisonnable, et que la grande jeunesse où j'étais alors pourrait seule le faire excuser, s'il pouvait l'être. Ce qu'il y eut de plus singulier, c'est que mon imagination s'échauffa si bien pendant ces huit jours, que je crus voir en songe, étant la dernière nuit dans mon lit, deux gros vaisseaux venant à toutes voiles sur nous.

« Agité par cette vision, je me réveillai en sursaut. L'aube du jour commençait à paraître. Je me levai sur-le-champ, et sortis sur mon gaillard. Le hasard fit qu'en portant ma vue autour de l'horizon, je découvris effectivement deux vaisseaux que la prévention de mon songe me montra dans la même situation et avec les mêmes voiles que je m'étais imaginé apercevoir en dormant. Je connus d'abord que c'étaient des vaisseaux de guerre, parce qu'ils venaient nous reconnaître à toutes voiles, et d'ailleurs ils en avaient toute l'apparence. Ainsi, avant que de m'exposer, je jugeai qu'il convenait de prendre chasse et de m'essayer un peu avec eux. Je vis bientôt que j'allais beaucoup mieux.

Sur quoi, ayant reviré de bord, je leur livrai combat et me rendit maître de tous deux, après une résistance fort vive. Ces vaisseaux étaient percés à quarante-huit canons et en avaient chacun vingt-huit de montés ; ils se trouvèrent chargés de sucre, d'indigo et de beaucoup d'or et d'argent. Le pillage qui fut très grand et sur lequel je voulus bien me relâcher à cause de la parole que j'avais donnée, n'empêcha pas que le roi et mes armateurs n'y gagnassent considérablement. Je conduisis ces prises dans la rivière de Nantes, où je fis caréner mon vaisseau ; et étant retourné en croisière à l'entrée de la Manche, je pris deux autres vaisseaux, l'un anglais et l'autre hollandais, avec lesquels je retournai désarmer à Brest.

« Comme je dois la prise de ces deux vaisseaux dont je viens de parler à ce pressentiment secret qui me fit demander huit jours de croisière à mon équipage, je ne puis m'empêcher de dire ici que j'en ai eu plusieurs autres qui ne m'ont pas trompé. Je laisse aux philosophes à expliquer ce que ce peut être que cette voix intérieure qui m'a souvent annoncé les biens et les maux. Qu'ils l'attribuent, s'ils le veulent à quelque génie qui nous accompagne, à notre imagination vive et échauffée ou à notre âme elle-même, qui, dans des moments heureux, perce les ténèbres de l'avenir pour y découvrir certains mouvements, je ne les chicanerai

point sur leur explication. Mais je ne sais rien de plus
marqué en moi-même que cette voix basse, mais dis-
tincte, et pour ainsi dire opiniâtre, qui m'a annoncé et
fait annoncer plusieurs fois à d'autres jusqu'aux jours
et circonstances des événements.

« Je quittai aussitôt le commandement de *l'Hercule*
(1694), pour prendre celui de *la Diligente*, frégate du
roi de quarante canons. J'allai d'abord croiser à l'entrée du détroit, où je fis trois prises, et je relâchai à
Lisbonne pour y faire caréner mon vaisseau. M. le vi-
dame d'Esneval, qui était pour lors ambassadeur du
roi en Portugal, me chargea de passer en France M. le
comte de Prado, et **M.** le marquis d'Attalaja, son cousin
germain, qui étaient tous deux dans la disgrâce du roi
de Portugal, et vivement poursuivis par son ordre, pour
avoir tué le corrégidor de Lisbonne. Je les reçus en
mon vaisseau avec d'autant plus de plaisir, que M. le
comte de Prado avait épousé une fille de M. le maréchal de Villeroy, l'un de nos plus respectables seigneurs.
Je découvris sur la route quatre vaisseaux de Flessingue,
de vingt à trente canons chacun. Je les joignis, leur
livrai combat, et me rendis maître d'un des plus forts.
La bonne manœuvre et la résistance qu'il fit sauvèrent
ses trois camarades, qui s'échappèrent à la faveur d'un
brouillard et de la nuit qui survint. Ils venaient tous
quatre de Curaçao, et étaient chargés de cacao et de

quelques barils de piastres. Les deux grands seigneurs
de Portugal qui se trouvaient à mon bord voulurent
absolument être spectateurs du combat, et ne se rendirent point aux instances que je leur fis de descendre à
fond de cale, en leur représentant que le Portugal
n'étant point en guerre avec la Hollande, ils s'expo-
saient sans nécessité à être estropiés et peut-être tués.
Ils demeurèrent, malgré mes raisons et mes prières,
jusqu'à la fin du combat. L'affaire terminée, je conduisis cette prise à Saint-Malo, où je débarquai ces
deux seigneurs portugais, qui me parurent contents
des attentions que j'avais eues pour eux.

« Je remis, sans perdre de temps, à la voile.

« En courant vers les côtes d'Angleterre, je découvris
une flotte de trente voiles, escortée par un vaisseau de
guerre anglais de cinquante-six canons, nommé, à ce
que j'ai appris depuis, *le Prince-d'Orange*. J'arrivai sur
lui, dans le dessein de le combattre, et même de l'aborder; mais ayant parlé dans ma route à un vaisseau de
la flotte, et su de lui qu'elle n'était chargée que de charbon de terre, je ne crus pas devoir hasarder un combat
douteux, pour un si vil objet. Prêt à le prolonger, je
repris tout d'un coup mes amures en l'autre bord, sous
pavillon anglais, pour aller chercher meilleure aventure.
Le capitaine de ce vaisseau, qui m'avait cru d'abord de
sa nation, voyant, par ma manœuvre, qu'il s'était trom-

pé, se mit en devoir de me donner la chasse. Je fus bien aise alors de lui faire connaître que ce n'était pas la crainte qui m'avait fait éviter le combat, et je fis carguer mes basses voiles pour l'attendre. Cette manœuvre lui fit carguer aussi les siennes. Je crus que c'en était assez, et je fis remettre le vent dans les miennes. Mais s'étant mis une seconde fois en devoir de me poursuivre, je remis encore en panne, et faisant amener le pavillon anglais que j'avais toujours conservé à la poupe, je le fis rehisser en berne, pour lui marquer mon mépris. Irrité de cette bravade, il me tira trois coups de canon à balle, auxquels je répondis d'un même nombre, sans daigner arborer mon pavillon blanc. Cependant, voyant que cette fanfaronnade n'aboutissait à rien, je le laissai avec sa flotte ; mais la suite fera voir dans quel embarras une aussi mauvaise gasconnade pensa me jeter.

« Quinze jours après, je tombai, par un temps de brume, dans une escadre de six vaisseaux de guerre anglais, de cinquante à soixante-dix canons ; et, me trouvant par malheur entre la côte d'Angleterre et eux, je fus forcé d'en venir au combat.

« Un de ces vaisseaux, nommé *l'Aventure*, me joignit le premier ; et nous combattîmes, toutes nos voiles dehors, pendant près de quatre heures, avant qu'aucun autre des vaisseaux de cette escadre pût me joindre. Je commençais même à espérer qu'étant près de doubler les îles Sorlingues, qui me gênaient dans ma course, la bonté de mon vaisseau pourrait me tirer d'affaire. Cet espoir dura peu. Le vaisseau ennemi me coupa mes deux mâts de hune dans une de ses dernières bordées. Ce cruel accident m'arrêta, et fit qu'il me joignit à l'instant, à portée de pistolet. Il cargua ses basses voiles, et vint me ranger de si près, que l'idée me vint tout d'un coup de l'aborder, et de sauter moi-même dans son bord avec tout mon équipage. J'ordonnai, sans retard, aux officiers qui se trouvèrent sous ma main, de faire monter sur-le-champ tout mon monde sur le pont. Je fis, en même temps, préparer nos grappins et pousser le gouvernail à bord. Je croyais toucher au moment où j'allais l'accrocher, quand par malheur un de mes lieutenants, qui n'était pas encore instruit de mon projet, aperçut par un des sabords le vaisseau ennemi si près du mien, qu'il crut que le timonier s'était mépris, ne pouvant imaginer que je pusse tenter un abordage dans la situation où nous nous trouvions. Prévenu de cette opinion, il fit changer, de son chef, la barre de mon gouvernail. J'ignorais ce fatal changement, et attendant avec impatience l'instant de la jonction des deux vaisseaux, j'étais dans la place et dans l'attitude propre à me lancer le premier sur celui de l'ennemi. Voyant que le mien n'obéissait pas comme il aurait dû faire à son gouvernail, je courus à l'habitacle, où je trouvai la barre changée sans mon ordre. Je la fis aussitôt remettre ; mais je m'aperçus, avec le désespoir le plus vif, que le capitaine de *l'Aventure*, qui avait connu, sans beaucoup de peine, à ma contenance et à celle de tout mon équipage, quel était mon dessein, avait fait rappareiller ses deux basses voiles, et pousser son gouvernail à m'éviter. Nous nous étions trouvés si près l'un de l'autre, que mon beaupré avait atteint et brisé le couronnement de sa poupe. Cependant ce malentendu me fit perdre l'occasion de tenter l'une des plus surprenantes aventures dont on eût jamais ouï parler. Dans la résolution où j'étais, de périr ou d'enlever ce vaisseau, qui allait mieux qu'aucun autre de l'escadre, il est plus que vraisemblable que j'aurai réussi, et qu'ainsi je ramenais en France un vaisseau beaucoup plus fort que celui que j'abandonnais. Outre l'éclat qui aurait suivi l'éxécution d'un pareil projet, dont j'avouerai que je ne me sentais pas médiocrement flatté, il est bien certain que, me trouvant démâté, il ne me restait absolument aucune ressource pour échapper à des forces si supérieures.

« Ce coup manqué, le vaisseau *le Monck*, de soixante-dix canons, vint me combattre à portée de pistolet, tandis que trois autres vaisseaux, *le Cantorbéry*, *le Dragon* et *le Ruby* me canonnaient de leur avant. Le commandant de cette escadre fut le seul qui ne daigna pas m'honorer d'un coup de canon. J'en fus piqué, et pour l'y obliger, je mis en travers, et lui en tirai plusieurs, mais inutilement : il persévéra à ne me point répondre.

« Cependant l'extrémité où nous nous trouvions tourna la tête à tous nos gens, qui m'abandonnèrent pour se jeter à fond de cale, malgré tout ce que je pouvais dire ou faire pour les en empêcher. J'étais occupé à les arrêter, et j'en avais même blessé deux de mon épée et de mon pistolet, quand, pour comble d'infortune, le feu prit à ma *Sainte-Barbe*. La crainte de sauter en l'air me fit descendre, et l'ayant bientôt fait éteindre, je me fis apporter des barils pleins de grenades sur les écoutilles, et j'en jetai un si grand nombre dans le fond de cale, que je contraignis plusieurs de mes fuyards à remonter sur le pont. Je rétablis ainsi quelques postes, et fis tirer quelques volées de canon de la première batterie, avant que de remonter sur mon gaillard. Je fus fort étonné, en y arrivant, de trouver mon pavillon bas, soit que la drisse eût été coupée par une balle, ou que, dans ce moment d'absence, quelque malheureux poltron l'eût amené. J'ordonnai à l'instant de le remettre, mais tous les officiers du vaisseau me vinrent représenter que c'était livrer inutilement le reste de mon équipage à la boucherie des Anglais, qui ne nous feraient aucun quartier si, après avoir vu le pavillon baissé pendant un assez longtemps, ils s'apercevaient qu'on le remît et que l'on voulût s'opiniâtrer sans aucun espoir, puisque mon vaisseau était démâté de tous ses mâts.

« Il n'était pas posssible de se refuser à une telle vérité ; et, comme j'étais encore incertain et désespéré, je fus renversé sur le pont d'un coup de boulet sur ses fins, qui, après avoir coupé plusieurs de nos baux, vint expirer sur ma hanche, et me fit perdre connaissance pendant plus d'un quart d'heure.

« On me porta dans ma chambre, et cet accident termina mon irrésolution. Le capitaine du *Monck* envoya le premier son canot pour me chercher. Je fus conduit à son bord avec une partie de mes officiers ; et sa générosité fut telle qu'il voulut absolument me céder sa chambre et son lit, donnant ordre de me faire panser et traiter avec autant de soins que si j'eusse été son propre fils.

« Toute cette escadre, après avoir croisé pendant vingt jours, se rendit à Plymouth ; et pendant le séjour qu'elle y fit, je reçus toute sorte de politesse de la part des capitaines et de tous les autres officiers anglais. A leur départ, on me donna la ville pour prison, ce qui me facilita les moyens de faire plusieurs connaissances, dont je me servis bientôt pour me procurer la liberté.

« Il faut auparavant se rappeler ce qui m'était arrivé avec ce vaisseau de guerre anglais de cinquante-six canons, qui escortait une flotte chargée de charbon de terre, lorsque j'eus l'imprudence de lui riposter trois coups, avant que d'arborer le pavillon blanc. Cette équipée de jeune homme m'attira une aventure des plus désagréables.

« Le capitaine de ce vaisseau, après avoir escorté sa flotte jusqu'au lieu de sa destination, relâcha par hasard dans la rade de Plymouth, peu de jours après qu'on m'y eut conduit. Il reconnut le vaisseau que je commandais lors de notre rencontre. Le ressentiment de la bravade que je lui avais faite le porta à présenter une requête à l'Amirauté, par laquelle il concluait à ce qu'on me fît mon procès, pour lui avoir tiré à boulet, sous pavillon anglais, contre les lois de la guerre, et à demander que je fusse mis provisoirement en prison jusqu'au retour d'un courrier qu'il allait dépêcher à Londres. L'Amirauté, sur cette dénonciation, me fit arrêter, et conduire dans une chambre grillée, avec une sentinelle à ma porte. La seule distinction qu'on m'accorda sur tous les autres prisonniers fut de me laisser la liberté de me faire apprêter à manger dans ma chambre, et de permettre aux officiers de venir m'y tenir compagnie. Les capitaines mêmes des compagnies anglaises, qui gardaient les prisonniers tour à tour, y dînaient assez volontiers. »

Suivent des détails que nous sommes forcés d'abréger, pour reprendre le récit au jour de l'évasion.

« ...... Le moment favorable venu, j'écrivis à un capitaine suédois, dont le vaisseau était relâché dans la rivière de Plymouth, pour le prier de me vendre une chaloupe équipée d'une voile, de six avirons, six fusils et autant de sabres, avec du biscuit, de la bière, un compas de route et quelques autres provisions. Je lui demandais en même temps de vouloir bien envoyer à la prison quelques-uns de ses matelots, sous prétexte de visiter les prisonniers français et de leur faire porter secrètement un habit à la suédoise, pour le remettre à mon maître d'équipage, lequel, parlant bien le suédois, et étant comme eux de haute stature, pourrait se sauver mêlé avec eux, à l'entrée de la nuit, quand ils sortiraient de la prison.

« Tout cela fut exécuté, et mon maître d'équipage s'échappa sous ce déguisement avec les matelots suédois. Il convint avec leur capitaine du prix de sa chaloupe pour trente-cinq livres sterlings, à condition qu'elle serait prête à un jour marqué, et que six de ses gens m'attendraient à un rendez-vous hors de la ville, pour m'escorter jusqu'au point d'embarquement.

« L'auberge où je devais me trouver était adossée à une montagne. Du second étage de la maison, on entrait dans un jardin disposé en terrasses, dont la dernière répondait à une petite rue très écartée ; et

c'était en escaladant le mur qui séparait cette rue
d'avec le jardin que j'avais projeté de me sauver.
J'avais ordonné, pour cet effet, à mon valet de chambre, qui avait la liberté de sortir pour acheter les provisions, et à mon chirurgien, qui allait panser nos
blessés à l'hôpital, de ne pas manquer de se trouver,
sur les quatre heures du soir, derrière le mur en question, et de m'y attendre pour me conduire au rendez-
vous où je devais trouver mes bons amis les Suédois.

« Ce jour tant désiré arriva enfin.

« Le capitaine ne fit aucune difficulté de me laisser
sortir de ma chambre avec un de mes officiers ; je sautai par-dessus le mur avec mon camarade. Mon chirurgien et mon valet nous attendaient derrière; ils nous
conduisirent au rendez-vous marqué, où nous trouvâmes six braves Suédois, armés jusqu'aux dents, qui
nous firent faire deux bonnes lieues à pied, et nous
accompagnèrent jusqu'à la chaloupe. Nous nous je-
tâmes à six heures du soir dans cette chaloupe, cinq
Français que nous étions, savoir : l'officier, compagnon de ma fuite, mon maître d'équipage, mon chirurgien, moi et mon valet de chambre. Aussitôt nous
fîmes route, et nous trouvâmes, en passant dans la
rade, deux vaisseaux de guerre anglais qui y étaient
mouillés, et qui nous interrogèrent. Nous leur répon-
dîmes comme aurait fait un bateau pêcheur anglais,

et continuant notre chemin, nous étions, à la pointe du jour, au-dessous de la grande rade. Nous nous trouvâmes alors près d'une frégate anglaise qui courait sa bordée pour rentrer à Plymouth. Je ne sais par quel caprice elle s'opiniâtra à vouloir nous parler; mais il est certain que nous allions être repris, si le vent, qui cessa tout à coup, ne nous eût mis en état de nous éloigner d'elle à force de rames.

« Nous la perdîmes enfin de vue, et nous nous trouvâmes en pleine mer, exténués de lassitude d'avoir ramé si longtemps et avec autant d'action.

« La nuit vint, pendant laquelle nous nous relevions, le maître d'équipage et moi, pour gouverner sur un compas de route, éclairé d'un petit fanal. Je me trouvai, tenant le gouvernail, si outré de fatigue, que le sommeil me surprit; mais je fus bien promptement et bien cruellement réveillé par un coup de vent qui, donnant subitement et avec impétuosité dans la voile, coucha la chaloupe et la remplit d'eau en un instant. Aussitôt je larguai l'écoute, et poussant le gouvernail à arriver vent arrière, j'évitai, par cette prompte manœuvre, un naufrage d'autant plus inévitable que nous étions éloignés de plus de quinze lieues de toute terre. Mes compagnons qui dormaient furent aussi bientôt réveillés, ayant de l'eau par-dessus la tête. Notre biscuit et notre baril de bière, dans lequel l'eau de mer entra,

furent entièrement gâtés, et nous fûmes très longtemps à vider l'eau avec nos chapeaux. A la fin, la
chaloupe étant soulagée, je remis à route pendant le
reste de la nuit, et le jour suivant, vers les huit heures
du soir, nous abordâmes à la côte de Bretagne à deux
lieues de Tréguier.

« Charmé de me voir échappé à tant de périls, je
sautai légèrement sur le rivage, pour embrasser ma
terre natale, et pour rendre grâces à Dieu qui m'avait
conservé. Nous gagnâmes ensuite le village le plus
prochain, et l'on nous donna du lait et du pain bis que
l'appétit nous fit trouver délicieux; après quoi, nous
nous endormîmes sur de la paille fraîche.

« Le jour ayant paru, nous nous rendîmes à Tréguier, et de là à Saint-Malo. »

CHAPITRE II

Croisière sur les côtes d'Angleterre et d'Irlande. — Le roi lui envoie une épée d'honneur. — Conflit avec M. de Feuquières. — Campagne des côtes d'Espagne. — Mort de l'un de ses frères. — Il est nommé capitaine de frégate.

« J'appris, en arrivant à Saint-Malo que mon frère aîné était parti pour Rochefort, où il armait pour moi le vaisseau du roi *le François*, de quarante-huit canons, comptant m'en réserver le commandement jusqu'à mon retour des prisons d'Angleterre. Je pris la poste pour l'aller joindre, et j'y trouvai ce vaisseau mouillé aux rades de la Rochelle.

Il ne lui manquait rien pour partir.

Je montai dessus dès le lendemain, et cinglant en haute mer j'établis ma croisière sur les côtes d'Angleterre et d'Irlande. J'y pris d'abord cinq vaisseaux chargés de tabac et de sucre, et un sixième chargé de mâts et de pelleteries, venant de la Nouvelle-Angleterre. Ce dernier s'était séparé depuis deux jours d'une flotte de soixante voiles, escortée par deux vaisseaux de guerre anglais, l'un nommé *le Sans-Pareil*, de cinquante

1l'amirauté me fit conduire dans une chambre grillée, avec une sentinelle à ma porte (page 27).

canons, et l'autre *le Boston*, de trente-huit, mais percé à soixante-douze. Les habitants de Boston l'avaient fait construire, et l'avaient chargé des plus beaux mâts et des pelleteries les plus recherchées, pour en faire présent au prince d'Orange, qui avait pris alors le titre de roi d'Angleterre. Je m'informai avec grand soin du capitaine de ce dernier vaisseau marchand que j'avais pris, de l'aire de vent où cette flotte pouvait être; je courus à toutes voiles de ce côté-là, et j'en eus connaissance vers le midi.

« L'impatience que j'éprouvais de prendre ma revanche me fit, sans hésiter, attaquer les deux vaisseaux de guerre qui lui servaient d'escorte. J'eus le bonheur, dès mes premières bordées, de démâter *le Boston* de son grand mât de hune, et de lui couper sa grande vergue. Cet accident le mit hors d'état de traverser le dessein que j'avais d'aborder *le Sans-Pareil*. J'en profitai sur-le-champ, et mes grappins furent jetés au milieu du feu mutuel de notre canon et de notre mousqueterie. J'avais fait disposer un si grand nombre de grenades, de l'avant à l'arrière de mon vaisseau, que ses ponts et ses gaillards furent nettoyés en fort peu de temps. Je fis alors battre la charge, et mes gens commençaient à pénétrer à son bord, lorsque le feu prit à sa poupe avec tant de violence que je fus contraint de me faire pousser promptement au large, pour ne pas me brûler avec lui. Cet embrasement ne fut pas plus tôt éteint que je le raccrochai une seconde fois. Alors le feu prit aussi dans ma hune et dans ma voile de misaine; ce qui m'obligea encore de déborder. La nuit vint sur ces entrefaites, et toute la flotte se dispersa. Les deux vaisseaux de guerre furent les seuls qui se conservèrent, et que je conservai de même très soigneusement; cependant je fus obligé de faire changer toutes mes voiles, qui étaient criblées ou brûlées. Les ennemis, de leur côté, me paraissaient aussi occupés que moi pour tâcher de se réparer.

Aussitôt que le jour parut, je recommençai le combat avec la même ardeur, et je me présentai une troisième fois à l'abordage du *Sans-Pareil*. Au milieu de nos bordées de canons et de mousqueterie, ses deux grands mâts tombèrent dans nos porte-haubans. Cet accident, qui le mettait hors d'état de combattre et dans l'impossibilité de s'échapper, m'empêcha de permettre à mes gens de sauter à bord. Au contraire, je fis pousser précipitamment au large, et courus avec la même activité sur *le Boston*, qui mit alors toutes ses voiles au vent pour fuir, mais sans pouvoir y parvenir. Je le joignis, et m'en étant rendu maître en peu de temps, je revins sur son camarade qui, se trouvant ras comme un ponton, fut aussi obligé de céder.

« Je me souviens d'une scène assez plaisante qui se

passa lorsque j'eus soumis ces deux vaisseaux. Un
Hollandais, capitaine d'une prise que j'avais faite peu
de jours auparavant, monta sur le gaillard pour m'en
faire compliment. Il me dit, d'un air vif et content,
qu'il venait aussi de remporter sa petite victoire sur le
capitaine de la prise anglaise qui m'avait donné le
premier avis de cette flotte; qu'étant descendus tous
deux à fond de cale, un moment avant que notre combat
commençât, l'Anglais lui avait dit : « Camarade, ré-
« jouissez-vous, vous serez bientôt en liberté ! Le vais-
« seau *le Sans-Pareil* est monté par l'un des plus braves
« capitaines de toute l'Angleterre ; il a pris à l'abordage,
« avec ce même vaisseau, le fameux Jean Bart et le
« chevalier de Forbin ! Le capitaine du *Boston* n'est pas
« moins brave, et est au moins aussi bien armé. Ils ont
« fortifié leurs équipages de celui d'un vaisseau anglais
« qui s'est perdu depuis peu sur la côte de Boston ; ainsi,
« vous jugez bien que ce Français ne pourra pas leur ré-
« sister longtemps ! » Ce capitaine hollandais ajouta qu'il
avait répondu à son interlocuteur qu'il me croyait plus
brave et plus décidé que les commandants du *Sans-
Pareil* et du *Boston* réunis, et qu'il parierait sa tête
que la victoire resterait au pavillon français; que, de
discours en discours, ils en étaient venus aux mains, et
que l'Anglais avait été bien battu : qu'il venait m'en
faire part, me demandant, pour toute grâce, de faire

monter mon adversaire incrédule sur le pont, afin qu'il vît de ses yeux les deux vaisseaux soumis, et qu'il en crevât de dépit. Effectivement, je l'envoyai chercher. Il perdit toute contenance, quand il aperçut son *Sans-Pareil* et son *Boston* dans le pitoyable état où je les avais mis, et il se retira promptement, en s'arrachant les cheveux et jurant à faire trembler. On m'apporta, un moment après, les brevets de MM. Bart et Forbin, tous deux depuis chefs d'escadre, qui avaient été enlevés par *le Sans-Pareil*, comme le capitaine hollandais venait de me le dire.

« J'eus une peine infinie à amariner ces deux vaisseaux, ma chaloupe et mon canot étant hachés par les boulets ; et pour surcroît il survint une tempête qui me mit dans un fort grand péril, par le désordre où j'étais après un combat si long et si opiniâtre. Tous les officiers du *Sans-Pareil* avaient été tués ou blessés ; et, de mon côté, j'avais perdu près de la moitié de mon équipage. Cette tempête nous sépara tous. M. Boscher, qui était mon capitaine en second, et qui s'était fort distingué dans le combat, se trouvant commander sur *le Sans-Pareil*, fut obligé de faire jeter à la mer tous les canons de dessus son pont et de ses gaillards ; et quoiqu'il fût sans mâts, sans voiles et sans canons, il eut l'habileté de sauver ce vaisseau et de le mener dans le port Louis. *Le Boston* trouva, après la tempête, quatre corsaires de Flessingue qui le reprirent à la vue de l'île d'Ouessant ; et ce fut avec bien de la peine que je gagnai le port de Brest, avec mon vaisseau démâté de ses mâts de hune et de son artimon, et tout délabré.

« Le roi, attentif à récompenser le zèle et la bonne volonté, me fit la grâce, après cette action, de m'envoyer une épée. Je la réçus, accompagnée d'une lettre très obligeante de M. de Pontchartrain, alors secrétaire d'État de la marine et depuis chancelier de France, qui m'exhortait à mettre mon vaisseau en état d'aller joindre M. le marquis de Nesmond aux rades de la Rochelle. Je ne perdis point de temps à me rendre à cette destination.

Nous nous trouvâmes cinq vaisseaux de guerre sous son commandement.

L'Excellent, de soixante-deux canons, monté par cet officier général ; *le Pélican*, de cinquante, commandé par M. le chevalier des Augers ; *le Fortuné*, de cinquante-six, par M. de Beaubriant ; *le Saint-Antoine*, de Saint-Malo, aussi de cinquante-six canons, par M. La Villestreux, et *le François*, de quarante-six canons, que je montais. Cette escadre croisa à l'entrée de la Manche. Nous y rencontrâmes trois vaisseaux de guerre anglais ; et leur ayant donné la chasse, je me trouvai un peu en avant du reste de l'escadre, et précisément dans les eaux du plus gros vaisseau ennemi, monté de soixante-seize canons, et nommé *l'Espérance*. Je le joignis à une bonne portée de fusil, et je me préparai à l'aborder, dans la résolution de ne pas tirer un coup de canon avant d'avoir jeté mes grappins sur son bord.

« Sur ces entrefaites, M. le marquis de Nesmond, qui avait, aussi bien que tous les vaisseaux de son escadre, pavillon et flamme anglaise, tira un coup de canon à balle sous le vent, sans changer de pavillon; sur quoi tous les officiers qui étaient à mon bord me représentèrent que le commandant n'ayant point arboré son pavillon blanc, ce coup de canon ne pouvait être qu'un commandement pour moi de l'attendre, et que si je n'y déférais pas, je tomberais dans le cas de désobéissance, le dessein du commandant en chef ne pouvant jamais être de me faire combattre sous pavillon ennemi. J'eus une peine infinie à céder à cette remontrance, et à consentir qu'on carguât ma grande voile, ne pouvant me consoler de laisser échapper une si belle occasion de me distinguer. Mais je fus bien plus désolé encore quand je vis, un quart d'heure après, M. le marquis de Nesmond mettre enfin son pavillon blanc, et tirer un autre coup de canon pour commencer le combat. Je fis à l'instant remettre une grande voile, et tirer toute ma bordée au vaisseau *l'Espérance*. M. de La Villestreux, capitaine du *Saint-Antoine*, attaqua en même temps *l'Anglesey,* de cinquante-huit canons.

Mais à peine eûmes-nous tiré trois ou quatre bordées que M. le marquis de Nesmond joignit *l'Espérance*, et le combattit, à portée de pistolet, si vivement, qu'il se démâta de son grand mât, et s'en rendit maître après une assez belle résistance. M. de La Villestreux avait été blessé à mort en abordant *l'Anglesey ;* d'ailleurs son vaisseau fut tellement désemparé de ses voiles et de ses manœuvres, qne l'ennemi s'échappa avec son camarade, à la faveur de la nuit.

« Je fis de justes plaintes à M. de Nesmond, de ce qu'il m'avait obligé de carguer ma grande voile par ce coup de canon à balle qu'il avait tiré sous pavillon anglais, m'ayant privé par là de l'honneur que j'allais acquérir sous ses yeux, en abordant le vaisseau *l'Espérance*. J'ai pris la liberté de lui dire que mes officiers et mon équipage étaient témoins que j'y étais préparé et bien déterminé, et qu'il était fort triste qu'il se fût servi de son autorité pour profiter de cette occasion à mon préjudice. Il me répondit qu'il en était bien fâché par rapport à moi, mais que c'était une méprise de son capitaine de pavillon, qui n'avait pas fait attention au pavillon anglais, et que toute la faute, s'il y en avait une, roulait sur cet officier et non sur moi qui avais si bien rempli mon devoir.

« Cependant les équipages des autres vaisseaux qui m'avaient vu le plus près des ennemis, et n'avaient pas fait attention au coup de canon que le commandant avait tiré sous pavillon anglais, avaient été surpris de me voir carguer ma grande voile. Ils eurent la triste injustice d'interpréter à mon désavantage la manœuvre que j'avais faite, et, sans approfondir les raisons de subordination qui m'y avaient obligé, ils me taxèrent de peu de zèle dans leurs chansons de matelots. Mais ils en ont fait, depuis ce temps-là, un si grand nombre d'autres à mon honneur, qu'ils ont réparé, et au delà, cette première injustice. M. le marquis de Nesmond rendit, en cette occasion, des témoignages si publics et si authentiques de ma conduite, que j'eus tout lieu d'en être satisfait.

« En 1695, le roi m'ayant continué le commandement de son vaisseau *le François*, et à M. de Beaubriant celui du vaisseau *le Fortuné*, pour les employer à détruire les baleiniers hollandais sur les côtes du Spitzberg, nous sortîmes tous deux du Port-Louis, où nous avions fait caréner nos vaisseaux, et fîmes route pour nous rendre dans ces parages. Mais les vents contraires nous traversèrent avec tant d'opiniâtreté, qu'après avoir vainement lutté contre, et consommé toute notre eau douce, nous fûmes contraints d'aller la renouveler aux îles Féroë ; après quoi, la saison étant trop avancée pour aller au Spitzberg, nous restâmes à croiser sur les Orcades. Enfin, rebutés de n'y rencontrer aucun vaisseau ennemi, nous fîmes route pour aller consommer le reste de nos vivres sur les côtes d'Irlande.

« Le malheur que nous avions eu de ne rien trouver pendant trois mois de croisière avait contristé les officiers et les équipages de nos deux vaisseaux. J'étais seul à les encourager par un pressentiment secret, qui ne me quitta jamais, et qui me donnait un air content au milieu de la morosité générale. La joie et la confiance que je tâchais de leur inspirer, et l'assurance que je donnais hardiment de quelque bonne et prochaine aventure, furent justifiées heureusement par la rencontre que nous fîmes sur les Blasques, de trois vaisseaux anglais venant des Indes orientales, très considérables par leur force, et plus encore par leur richesse. Le commandant, nommé *la Défense,* était percé de soixante-douze canons et monté à cinquante-huit ; le second, nommé *la Résolution,* était percé de soixante canons et armé de cinquante-six ; et le troisième, dont je ne puis retrouver le nom, avait quarante pièces montées. Ils nous attendirent en ligne.

« M. de Beaubriant lâcha, en passant, sa bordée au commandant anglais, et, poussant sa pointe, il s'attacha à combattre et à réduire le second. Je le suivis, le beaupré sur la poupe, et aussitôt qu'il eut dépassé le commandant, je le combattis si vivement que je m'en rendis maître. Dès qu'il fut soumis, je courus, sans perdre de temps, sur le troisième vaisseau, qui fuyait à toutes voiles. Il se défendit avec beaucoup d'opiniâtreté. Il est vrai que je le ménageais un peu, dans la crainte de le démâter, et d'ailleurs je ne jugeais pas à propos de l'aborder, par rapport au pillage qui aurait été, en ce cas, presque inévitable; il se rendit à la fin, et nous les amarinâmes tous trois, de façon à se défendre, s'il en était besoin. Nous les escortâmes dans le Port-Louis, et les richesses dont ils étaient chargés donnèrent plus de vingt pour un de profit, malgré tout le dégât qu'il n'avait pas été possible d'empêcher.

« Après cette heureuse campagne, le désir me prit de faire un voyage à Paris, pour me faire connaître à M. le comte de Toulouse et à M. de Pontchartrain, mais encore plus pour me donner la satisfaction de voir à mon aise la personne du roi, pour lequel, dès ma plus tendre jeunesse, je m'étais senti un grand fond d'amour et de vénération. M. de Pontchartrain voulut bien me présenter lui-même à Sa Majesté, et mon admiration redoubla à a vue de ce grand monarque. Il daigna paraître content de mes faibles services, et je sortis de son cabinet, le cœur pénétré de la douceur et de la noblesse qui régnaient dans ses paroles et dans ses moindres actions. Le désir que j'avais de me rendre digne de son estime en devint plus ardent. Après quelque séjour à Paris, je pris tout d'un coup la résolution de me rendre au Port-Louis, dans le dessein d'y armer *le Sans-Pareil*, que j'avais pris sur les Anglais ; mais au lieu de cinquante canons qu'il avait auparavant, je n'en fis mettre que quarante-deux, afin de le rendre plus léger.

« Ce vaisseau étant caréné, je mis à la voile ; et, m'étant rendu sur les côtes d'Espagne, j'appris par quelques vaisseaux neutres que je rencontrai, qu'il y avait dans le port de Vigo trois bâtiments hollandais qui attendaient l'arrivée d'un vaisseau de guerre anglais, lequel devait incessamment sortir de la Corogne, pour les prendre en passant, et les escorter jusqu'à Lisbonne. Je réfléchis sur cet avis, et je formai le dessein de faire usage de mon *Sans-Pareil* pour tromper ces Hollandais. En effet, je me présentai un beau matin à l'entrée de Vigo, avec pavillon et flamme anglaise, mes basses voiles carguées, mes perroquets en bannière, et un yacht anglais au bout de ma vergue d'artimon ; manœuvre que j'avais vu faire aux Anglais en cas à peu près semblable. La fabrique anglaise du *Sans-Pareil* aida si bien à ce stratagème, que deux de ces vaisseaux hollandais, abusés par les apparences, se mirent sous voiles, et vinrent bonnement se ranger sous mon escorte ; le troisième en eût certainement fait autant, s'il avait été paré à lever l'ancre. Je trouvai ces

vaisseaux chargés de gros mâts et d'autres bonnes marchandises.

« M'étant mis en route pour les conduire dans le plus
prochain port de France, je me trouvai, à la pointe du
jour, à trois lieues sous le vent de l'armée navale des
ennemis. Cet incident était fort embarrassant, mais je
pris mon parti sans balancer. J'ordonnai à ceux qui
commandaient mes deux prises d'arborer pavillon hollandais, et d'arriver vent arrière, après m'avoir salué
de sept coups de canon chacun. Ensuite, me confiant
dans la fabrique et la bonté du *Sans-Pareil*, je fis
voile vers l'armée ennemie, avec autant d'assurance
et de tranquillité que j'aurais pu faire si j'avais été réel-
lement un des leurs, qui, après avoir parlé à des
vaisseaux hollandais, eût voulu se rallier à son
corps.

« Il s'était d'abord détaché de cette armée deux gros
vaisseaux et une frégate de trente-six canons pour
venir me reconnaître. Les deux vaisseaux, trompés
par ma manœuvre, cessèrent bientôt leur chasse, et
retournèrent à leur poste. La seule frégate, poussée
par son mauvais destin, s'opiniâtra à vouloir parler à
mes deux prises, et je vis qu'elle les joignait à vue
d'œil. Je naviguais alors avec toute l'armée ennemie,
et paraissais fort tranquille, quoique je fusse intérieurement désespéré de ce que ces prises allaient tombe

infailliblemênt au pouvoir de cette frégate. Comme je m'aperçus cependant que mon vaisseau allait beaucoup mieux que ceux des ennemis qui étaient le plus près de moi, je fis courir insensiblement le mien un peu largue, pour me mettre de l'avant d'eux, et tout d'un coup je forçai de voiles pour aller me placer entre mes prises et la frégate. Je m'y rendis assez à temps pour lui barrer le chemin et pour la combattre, comme je fis, à la vue de toute l'armée. Je l'aurais même enlevée, s'il m'avait été possible de l'aborder ; mais le capitaine qui la montait conserva assez de défiance pour se tenir au vent, à distance d'une portée de fusil, et il jugea à propos d'envoyer son canot à mon bord. Les gens de ce canot étant à moitié chemin me reconnurent pour Français, et se mirent en devoir de retourner à leur frégate. Alors me voyant démasqué, je fis arborer mon pavillon blanc, à la place de l'anglais que j'avais à la poupe, et j'engageai au même instant le combat. Cette frégate me répondit de toute sa bordée, mais ne pouvant soutenir le feu de mon canon et de ma mousqueterie, elle trouva moyen de revirer de bord à la rencontre de plusieurs gros vaisseaux qui se détachèrent de la flotte pour venir promptement à son secours. Leur approche m'obligea de la quitter, au moment même où elle se trouvait si maltraitée qu'elle mit à la bande, avec un pavillon rouge sous ses barres de hune, en tirant des coups de canon de distance en distance. Ce signal pressant de sa détresse fit que les vaisseaux les plus près d'elle s'arrêtèrent pour la secourir. Ils recueillirent en même temps son canot, qui n'avait pu regagner son bord, et avait fait route du côté de l'armée pendant tout notre combat. Toutes ces circonstances, favorables pour moi, me donnèrent le temps de rejoindre mes prises à l'entrée de la nuit, et je les conduisis au Port-Louis. »

Au retour de cette courte mais brillante expédition, l'intrépide Duguay-Trouin devait dévorer un sanglant outrage de la part du chevalier de Feuquières, capitaine de la marine royale, pour n'avoir pas salué son bâtiment qu'il avait rencontré sans aucun signe de commandement, et pris pour un simple corsaire de Bayonne. M. de Feuquières ne craignit pas d'insulter, jusqu'à le menacer du châtiment de la *cale*, le glorieux corsaire qui ne rentrait jamais dans les ports français sans y amener les preuves vivantes de son zèle infatigable et de sa bravoure à toute épreuve. Duguay-Trouin, blessé au cœur, en écrivit au ministre Pontchartrain. Sa lettre est un modèle de modération et de dignité. Conservée dans les archives de la Marine, elle doit être citée ici, comme le témoignage du noble et patriotique caractère de son auteur.

« Monseigneur, écrivait le vainqueur du *Sans-Pareil*, dans l'espérance que Votre Grandeur voudra bien me permettre l'honneur de lui rendre compte de ce qui m'est arrivé dans la campagne que je viens de faire, je prends la liberté de lui dire qu'étant parti du Port-Louis, le 7 juillet, après m'être donné l'honneur de l'informer de la résolution que j'avais prise de monter *le Sans-Pareil*, sur l'offre qui m'en avait été faite, et de lui demander l'honneur de sa protection, qu'elle eut la bonté de me faire espérer quand je lui rendis mes très humbles respects à Versailles, je croisai quelque temps sur le cap du Finistère, et j'y appris, par un Portugais, qu'il y avait sept vaisseaux anglais et hollandais sous la forteresse de Vigo, en Galice, attendant convoi. Je résolus d'aller les enlever ; et comme le vent était contraire et qu'ils étaient amarrés à portée de pistolet du fort, au fond de la rivière, je ne pus que mouiller à l'entrée, sous pavillon anglais, mes perroquets et mon petit hunier déferlés, et tirant un coup de canon pour contrefaire le convoi.

« Les chaloupes des deux vaisseaux hollandais et de deux anglais avec leurs capitaines vinrent d'abord recevoir l'ordre ; et, dès qu'ils furent à mon bord, je fis faire plusieurs saluts de canon, comme les Anglais font souvent, en buvant à la santé du prince d'Orange ;

ce qui persuada si fort que j'étais Anglais, que, quand je fus appareillé pour aller les enlever de dessous le fort, les vaisseaux hollandais m'épargnèrent la moitié du chemin, et je les pris sans coup férir. Les Anglais en auraient fait autant s'ils avaient eu leurs voiles en vergues, persuadés qu'ils étaient que nous étions un des vaisseaux de cinquante canons qu'ils attendaient.

« Je fis mes efforts pour aller enlever le reste; mais le vent contraire fit que je ne pus qu'envoyer mes chaloupes faire une tentative; lesquelles ayant reconnu qu'il y avait trente-six à quarante canons en batterie, et que les vaisseaux, qui n'avaient ni voiles ni mâts de hune, étaient la plupart échoués, ne s'exposèrent pas témérairement à y rester sans espoir de réussir. J'attendis inutilement que le vent changeât pour aller les brûler, et je fus, à la fin, obligé de sortir, pour éviter les deux vaisseaux de cinquante canons qui devaient arriver incessamment.

« En convoyant ces prises, j'eus connaissance au vent, le 24 de ce mois, par les 45° 47′ de latitude, au sud-quart de sud-est d'Ouessant, environ quarante-six lieues, de l'armée des ennemis, qui courait au nord-quart de nord-ouest à l'atteinte d'Ouessant. Je fis arriver vent arrière mes prises; et ayant parlé à deux navires d'Olonne chargés de morue, qui en étaient poursuivis, je leur marquai la route et la manœuvre qu'ils devaient tenir, leur promettant de les conserver autant qu'il dépendrait de moi.

« Je comptai jusqu'à quarante vaisseaux, dont il en fut détaché cinq pour me donner la chasse. Je les attendis à portée de canon; et me mêlant parmi eux, j'amusai par cette manœuvre quatre de leurs plus gros, en cessant de fuir quand je les éloignais, et en m'éloignant quand je me sentais trop près d'eux. Je les tirai de cette manière hors de la vue de mes prises et loin de leur corps d'armée. Après quoi, n'ayant plus rien à craindre, ni pour les deux prises ni pour les deux autres navires français, je fis force de voiles, et ils cessèrent la chasse.

« Quand j'en fus débarrassé, je revirai de bord sur le plus petit des cinq, qui avait rejoint les deux navires d'Olonne et qui les allait prendre avec mes prises. Étant à portée de canon, j'attaquai cette frégate de vingt canons, malgré deux gros vaisseaux qui venaient à toutes voiles; et, dans une heure de combat, je l'aurais infailliblement prise, si, étant au vent, comme elle était, elle n'eût reviré de bord sur ses deux camarades, qui l'avaient considérablement rapprochée pendant le combat; ce qui m'obligea de la quitter, étant moi-même exposé à être pris, si je l'eusse suivie plus longtemps. Elle se trouva si incommodée, qu'après avoir mis pavillon rouge au grand mât et tiré plusieurs

coups de canon pour appeler du secours, elle disparut
en s'approchant des deux autres vaisseaux, qui restè-
rent en panne ; ce qui nous a fait juger qu'elle coula à
fond, n'en ayant eu depuis aucune connaissance.

« Voilà, Monseigneur, la manœuvre avec laquelle j'ai
sauvé mes prises et ces deux autres vaisseaux français,
dont les capitaines ont rendu témoignage des circonstances de cette action à M. le chevalier de Rosmadec.

« Il serait à souhaiter pour moi que je n'eusse jamais
pensé à retourner à la mer, puisse qu'elle m'a attiré un
des plus sensibles affronts qu'on puisse faire ressentir
à un honnête homme. Je supplie très humblement
Votre Grandeur de me pardonner la liberté que je prends
de lui faire mes justes plaintes, et de l'importuner d'un
détail qui pourra lui être ennuyeux.

« Arrivant à l'île de Gorée avec mes deux prises et les
deux Olonnais, j'y trouvai un vaisseau qui ne mit son
pavillon que fort tard, sans flamme, ni aucune marque
de distinction. Je fus lui parler, et j'appris de lui qu'il
était de Bayonne. La vitesse du vaisseau ne me per-
mettant pas de m'informer plus amplement, je crus, et
tous mes officiers crurent que c'était un corsaire de
Bayonne. Je mis ma chaloupe dehors pour donner ordre
à mes prises ; ce vaisseau, voyant cela, mit la flamme,
et après avoir tiré des coups de fusil sur ma chaloupe.
il me tira des coups de canon à balle, dont l'un coupa

la drisse de ma voile, ce qui m'obligea d'aller incontinent à bord demander à parler au capitaine, et savoir pourquoi on m'avait tiré sans sujet deux coups de canon. Mais on me contraignit sans réplique de monter à bord, où étant, le capitaine, loin de m'écouter, me menaça avec beaucoup de violence *de me faire donner la cale.* Cependant je lui protestais, comme il était vrai, que nous l'avions cru véritablement corsaire, et de Bayonne. Cette menace, si éloignée de ce que je crois dû à mon caractère, m'aurait fait tomber dans les mouvements qu'on ne peut sans honte refuser à l'honneur, si, toujours rempli de mon devoir, je n'avais, tout couvert de cet affront, fait précéder à mon honneur la soumission aux ordres du roi, en recevant d'un de ses officiers, et sur ses vaisseaux, tout ce qu'on avait pu me dire de plus outrageant, renfermant toute ma défense à l'assurer que je m'en plaindrais à Votre Grandeur, dans l'équité de laquelle je mettais toute ma confiance.

« Ce capitaine voulut m'interroger. Mais vous me pardonnerez, Monseigneur, si mon sang tout glacé ne me laissa pas la faculté de lui répondre. Je me retirai pour aller aussitôt faire mes plaintes à M. de Lavardin, MM. de Mauclerc et de Rosmadec, qui, déjà prévenus en ma faveur, ne laissèrent pas de plaindre mon sort.

« Votre Grandeur n'ignore pas que plusieurs de MM. les officiers de la marine ne regardent pas avec

plaisir nos petits progrès, ce que celui-ci ne m'a témoigné
que trop clairement en cette occasion, où il a affecté de
m'insulter, ayant traité avec beaucoup plus d'honnê-
teté les capitaines olonnais qui étaient dans le même
défaut que moi, s'il y en avait, ne leur ayant adressé
aucune menace de *cale*, ni tous ces termes outrageants
que je passe sous silence : Votre Grandeur sachant
bien que ces sortes de menaces poussées au delà des
bornes ne se font pas sans aigreur.

« Voilà, Monseigneur, ce qui me fait réclamer votre
justice, sans laquelle je serais, malgré moi, contraint
d'abandonner l'exécution de ce que je me suis proposé
dans l'entreprise de la course. Ce traitement regarde
tous mes confrères, qui se verraient, sans votre protection, Monseigneur, exposés à des outrages aussi
violents.

« Le capitaine de qui je me plains est M. de Feuquières, commandant *l'Entreprenant.*
    « 30 mai 1696.
                        « DUGUAY-TROUIN. »

L'histoire ne dit pas que M. de Feuquières ait été
réprimandé de sa brutale insolence. Duguay-Trouin,
dévoué au service de son pays, ne chercha même pas
à laver, dans une querelle privée, l'injure qu'il avait
reçue : c'est par de nouveaux triomphes que de tels
hommes se vengent de leurs obscurs envieux. Le nom

de Feuquières est oublié, celui de Duguay-Trouin brille, dans nos annales, d'un éclat impérissable. Le généreux marin, dans les rapides souvenirs qu'ils nous a laissés de ses services, ne dit pas un mot de cette aventure regrettable.

« Aussitôt que j'eus mis en sûreté mes deux prises hollandaises, poursuit notre héros, je retournai croiser à l'entrée de la Manche, où je rencontrai un navire de Flessingue, revenant de Curaçao. Je m'en rendis maître et je le conduisis dans le port de Brest, où je fis caréner mon vaisseau. Je fis en même temps équiper une frégate de seize canons, dont je donnai le commandement à un de mes jeunes frères, qui m'avait offert, en plusieurs occasions, des marques d'une capacité au-dessus de son âge. Nous mîmes ensemble à la voile, et fûmes croiser sur les côtes d'Espagne. Nous y consumâmes la plus grande partie de nos vivres sans rien rencontrer, et, comme nous commencions à manquer d'eau, je jugeai à propos d'en aller chercher à côté de Vigo, dans l'espérance d'y faire en même temps quelque capture.

« Sur cette idée, je fus mouiller entre ce port et les îles de Bayonne, et n'y ayant rien découvert, je m'attachai à chercher un endroit qui fût propre à faire de l'eau. Pour cet effet, nous nous embarquâmes, mon frère et moi, dans mon canot, avec quelques volontaires ;

et ayant remarqué une anse à main droite, d'où paraissait déboucher un ruisseau, nous avançâmes pour la mieux reconnaître de plus près. Mais en l'approchant, nous fûmes salués de plusieurs coups de fusil qu'on nous tira des retranchements qui bordaient le rivage. Ma première pensée, et plût à Dieu que je l'eusse suivie, fut de retourner à bord de nos vaisseaux et de mépriser de pareilles canailles. Mais mon frère, jeune et ardent aux occasions de se signaler, me représenta qu'il serait honteux de nous retirer pour de misérables paysans qui n'étaient pas capables de tenir devant nous ; qu'il fallait les attaquer, et faire en même temps signal à nos vaisseaux de nous envoyer le secours que j'avais ordonné qu'on tînt prêt en cas de besoin. J'avouerai qu'une mauvaise honte et un ridicule point d'honneur l'emportèrent sur la répugnance instinctive que j'avais à suivre ce conseil. Je mis donc pied à terre, suivi d'une vingtaine de jeunes gens, qui étaient dans mon canot ; nous forçâmes, l'épée à la main, les retranchements d'où l'on avait tiré, et nous nous y établîmes après en avoir chassé ceux qui les gardaient.

« Il arriva, bientôt après, de nos vaisseaux cent cinquante hommes bien armés. J'en laissai vingt à la garde des retranchements, sur lesquels je fis braquer les pierriers de nos chaloupes, pour assurer notre retraite. J'en donnnai cinquante autres à commander à mon frère, avec ordre d'aller prendre à revers un gros bourg, où j'avais remarqué que les milices espagnoles s'étaient rassemblées, tandis que je l'attaquerais de front avec cent hommes qui me restaient.

« Dans cette résolution, je m'avançai, tambour battant, vers l'endroit où je croyais trouver le plus de résistance. Mon frère, se laissant emporter à l'ardeur de son courage, pressa sa marche plus que moi et attaqua le premier, à ma vue, les retranchements de ce bourg qu'il enleva en un moment. Mais sa valeur lui devint funeste. Il reçut, en les franchissant le premier, un coup de mousquet qui lui traversa l'estomac. Je combattais en même temps de mon côté, et ayant aussi forcé de front les retranchements, j'étais occupé à faire donner quartier à quatre-vingts Espagnols qui avaient mis bas les armes, quand je reçus cette triste nouvelle. Il est difficile d'exprimer à quel point j'en fus pénétré : cet infortuné frère m'était encore plus cher par son intrépidité et par son aimable caractère, que par les liens du sang. Je restai d'abord immobile ; après quoi, devenant furieux, je courus, comme un désespéré, vers ceux des Espagnols qui résistaient, et j'en sacrifiai plusieurs à ma douleur. Pendant que tous mes gens se livraient au pillage, il parut une troupe de cavaliers sur la hauteur. Je repris alors mes sens, et rassemblant la plus grande partie de nos soldats avec assez de promptitude, je courus chercher mon frère. Je le trouvai couché sur la terre, et baigné dans son sang qu'on s'efforçait enfin d'arrêter. Un objet si touchant m'arracha des larmes. Je l'embrassai, sans avoir la force de lui parler, et je le fis emporter sur-le-champ à bord de mon vaisseau, où je l'accompagnai, ne pouvant me résoudre à le quitter dans l'état déplorable où je le voyais. Je laissai aux officiers le soin de faire rembarquer tous nos gens; et j'ordonnai au premier lieutenant de mon vaisseau de les couvrir, et d'assurer notre retraite qui s'effectua sans confusion et avec fort peu de pertes.

« Mon frère ne survécut que deux jours à sa blessure, et rendit son dernier soupir entre mes bras, avec de grands sentiments de religion et une héroïque fermeté. La tendresse et la douleur me rendirent éloquent à l'exhorter dans ces moments suprêmes : et je demeurai, après sa mort, plongé dans un accablement ineffable. J'ordonnai qu'on levât l'ancre, et qu'on mît à la voile, pour porter son corps à Viana, ville portugaise sur la frontière d'Espagne, où je lui fis rendre les derniers honneurs dus à son mérite et à sa valeur, qui certainement promettaient à la France un marin aussi brillant que dévoué. Toute la noblesse des environs assista à ses funérailles, et parut sensible à la perte d'un jeune homme qui emportait les louanges et les regrets de tous nos équipages.

« Après m'être acquitté de ce triste devoir, je repris la mer pour consommer le reste de mes vivres, et ayant rencontré un vaisseau hollandais venant de Curaçao, je m'en rendis maître et le conduisis à Brest. J'y désarmai mes deux vaisseaux. J'avais l'esprit continuellement tourmenté par l'image de mon frère expirant. Cette cruelle pensée me réveillait en sursaut toutes les nuits ; et, pendant fort longtemps, elle ne me laissa pas un moment de repos.

« Six mois après, en 1797, Descluzeaux, intendant de la marine à Brest, qui m'estimait plus que je ne méritais, m'engagea par ses sollicitations à prendre le commandement de trois vaisseaux qu'il voulait envoyer au devant de la flotte de Bilbao. Ces vaisseaux étaient *le Saint-Jacques-des-Victoires*, de quarante-huit canons, *le Sans-Pareil* de quarante-deux, et la frégate *la Léonore*, de seize canons. Je montai le premier vaisseau, et je confiai le commandement du second à mon parent M. Boscher, qui m'avait servi jusque-là de capitaine en second et dont j'avais sans cesse apprécié la valeur et la capacité.

« Huit jours après notre départ de Brest, j'eus connaissance de cette flotte, qui était escortée par trois vaisseaux de guerre hollandais commandés par M. le baron de Wassenaër, vice-amiral de Hollande. Ces vaisseaux étaient *le Delft* et *le Honslaerdik*, tous deux de cinquante-quatre canons, et un troisième dont j'ai oublié le nom, de trente-huit. Le grand vent et la rude agitation des vagues m'obligèrent de les conserver pendant deux jours, au bout desquels j'étais sur le point de hasarder un combat assez inégal, quand, par bonheur, je découvris deux frégates de Saint-Malo. l'une de trente canons, nommée *l'Aigle-Noir,* montée par M. de Bélisse-Pépin, et l'autre de trente-huit canons, nommée *la Faluère*, commandée par M. Dessaudrais-Dufresne. Nous tînmes conseil ensemble, et disposâmes notre attaque de la manière suivante :

« Les trois vaisseaux de guerre ennemis étaient en panne au vent de leur flotte. *Le Delft*, commandant, au milieu ; *le Honslaerdik* à l'arrière, et le troisième, de l'avant. Je devais les attaquer le premier, et après avoir lâché ma bordée, en passant, au *Honslaerdik*, pousser ma pointe pour aller aborder le commandant. *Le Sans-Pareil* était destiné à me suivre, le beaupré sur ma poupe, et à accrocher *le Honslaerdik* aussitôt que je l'aurais dépassé. Les frégates *l'Aigle-Noir* et *la Faluère* devaient s'attacher à réduire le troisième vaisseau de guerre, et donner ensuite dans le corps de la flotte. A l'égard de *la Léonore*, elle était uniquement destinée à prendre des vaisseaux marchands.

« Dans cette disposition, nous arrivâmes sur les ennemis, et comme j'allais ranger sous le vent *le Hons-laerdik*, il mit le vent dans ses voiles d'avant et appareilla sa misaine. Ce changement imprévu de manœuvres en apporta nécessairement à notre disposition, en ce qu'étant venu à l'abri des voiles de ce vaisseau, il me fut impossible de le dépasser pour aller aborder le commandant. Celui-ci arriva en même temps sur moi, à dessein de me mettre entre deux feux, et je n'eus d'autre parti à prendre que d'aborder *le Honslaerdik*. Alors le capitaine du *Sans-Pareil*, qui me suivait de près, se détermina sans hésiter à couper le chemin au commandant et ensuite à l'aborder de long en long, avec une audace et une précision de manœuvres admirables. Les deux frégates de Saint-Malo attaquèrent en même temps le troisième vaisseau, et *la Léonore* donna, comme je l'avais ordonné, dans le milieu de la flotte.

« Les deux abordages des vaisseaux *Honslaerdik* et *Delft* furent exécutés avec une égale fierté, mais avec un succès bien différent. Je fis sauter à bord du premier la moitié de nos officiers avec cent vingt de mes meilleurs hommes, qui l'enlevèrent d'emblée. Je poussai en même temps au large, et courus avec empressement secourir *le Sans-Pareil*, qui, toujours accroché au commandant, en essuyait un feu terrible. J'arrivai près d'eux comme la poupe de mon camarade sautait en l'air par le feu qu'un boulet avait mis à des caisses remplies de gargousses. Plus de quatre-vingts hommes en furent écrasés ou jetés à la mer, et le feu étant près de se communiquer à la soute aux poudres, j'attendais avec frayeur le moment de le voir périr. Dans ce danger pressant, M. Boscher, qui commandait ce vaisseau, sut conserver assez de fermeté et de sang-froid pour faire couper ses grappins et pousser au large.

« Désespéré de ce fâcheux contre-temps et de la perte de ce brave parent qui me paraissait inévitable, je m'avançai pour prendre sa place et le venger. Ce nouvel abordage fut très sanglant, par la vivacité de notre feu mutuel de canons, de mousqueterie et de grenades, et par le grand courage de M. le baron de Wassenaër qui me reçut avec une fierté et un sang-froid admirables. Les plus braves de mes officiers et de mes soldats furent repoussés jusqu'à quatre fois. Il en périt un si grand nombre que, malgré mon dépit et tous mes efforts, je fus contraint de faire pousser mon vaisseau au large, afin de redonner un peu d'haleine à mes gens, que je voyais presque rebutés, et de pouvoir travailler à réparer mon désorde, qui n'était pas médiocre.

« Dans cet intervalle, *l'Aigle-Noir* et *la Faluère* s'étaient rendus maîtres du troisième vaisseau de guerre, et cette dernière frégate se trouvant à portée de ma voix, j'ordonnai à M. Dessaudrais-Dufresne, qui la montait, de s'avancer sur le vaisseau *le Delft* afin d'entretenir le combat, et de me donner le temps de revenir à la charge. Il s'y présenta de la meilleure grâce du monde, mais malheureusement il fut tué dès les premiers coups de riposte. Ce nouveau contre temps mit le désordre dans cette frégate, qui vint en travers et m'attendit. J'appris, avec une extrême douleur, la mort d'un homme si courageux, et je dis à M. de Langavan, son capitaine en second, de me suivre pour le venger. En effet, je retournai, tête baissée, aborder ce redoutable baron de Wassenaër, résolu de vaincre ou de périr. Cette dernière scène fut si vive et si sanglante, que tous les officiers de son vaisseau furent tués ou blessés ; il reçut lui-même quatre blessures très-dangereuses, et tomba sur son gaillard d'arrière, où il fut pris les armes à la main. La frégate *la Faluère* eut part à ce dernier avantage, en venant m'aborder et en jetant à mon bord quarante hommes de renfort.

« Plus de la moitié de mon équipage périt dans cette action. J'y perdis un de mes cousins germains, premier lieutenant sur mon vaisseau, et deux autres parents sur *le Sans-Pareil*. Plusieurs autres officiers furent tués ou blessés.

« Ce combat fut suivi d'une tempête et d'une nuit affreuse qui nous sépara les uns des autres. Mon vaisseau, percé de coups de canon à fleur d'eau, et entr'ouvert par les abordages réitérés, coulait bas. Il ne me restait qu'un seul officier et cent-cinquante cinq hommes, des moindres de mon équipage, qui fussent en état de servir, et j'avais plus de cinq cents prisonniers hollandais à garder. Je les employai à pomper et à puiser l'eau, de l'avant à l'arrière de mon vaisseau ; et nous étions forcés, mon dernier officier et moi, d'être continuellement sur pied, l'épée et le pistolet à la main, pour les contenir. Cependant toutes nos pompes et nos puits ne suffisant pas pour nous empêcher de couler bas, je fis jeter à la mer tous les canons du second pont et des gaillards, mâts et vergues de rechange, boulets et pinces en fer, et jusqu'aux cages à poules. Enfin l'extrémité devint si pressante que l'eau se déchargeait, au roulis, du fond de cale dans l'entrepont. Mais dans ce péril menaçant, rien ne me toucha plus sensiblement que de voir cent malheureux blessés, fuyant l'eau qui les gagnait, se traîner sur les mains, avec des gémissements affreux, sans qu'il me fût possible de les secourir. La mort nous moissonnant ainsi de toute part, je me déterminai à faire gouverner sur la côte de Bretagne, qui ne pouvait être loin, afin de périr au moins plus près de terre, avec le faible et unique espoir que quelqu'un pourrait s'y sauver, par hasard, sur les débris du vaisseau.

Plus de la moitié de mon équipage périt dans cette action (page 63)

3

« Cette résolution fut l'unique cause de notre salut ; car
en faisant cette route, nous fûmes obligés de présenter
le côté de bâbord au vent ; et, comme c'était le plus en-
dommagé par l'abordage et par les coups de canon tirés
à fleur d'eau, il arriva que ce côté se trouvant en partie
au-dessus de la mer, elle n'y entra plus avec autant
de rapidité, en sorte que, redoublant nos efforts, nous
soulageâmes le vaisseau de deux bons pieds d'eau.
Sur ces entrefaites, les matelots placés en vigie sur le
mât de beaupré s'écrièrent qu'ils voyaient les brisants
des rochers, et que nous allions périr dessus, si l'on
ne gouvernait pas sur-le-champ du côté de tribord. Il
est naturel, de fuir le danger le plus pressant pour prolonger sa vie ; ainsi nous ne balançâmes point à changer de route. Mais, en une demi-heure, le vaisseau
se remplit d'eau comme auparavant. Trois fois nous
fîmes cette manœuvre, et trois fois nous la changeâmes
pendant la nuit. Aussitôt que le jour parut nous crûmes
que nous étions entre l'île de Grois et la côte de Bretagne. Je fis mettre un pavillon rouge sous les barres
de hune, et tirer des coups de canon de distance en
distance, pour appeler un prompt secours. Heureusement, le vent avait beaucoup diminué, de sorte qu'un
grand nombre de bateaux se rendirent à mon bord,
soulagèrent mes gens épuisés, et firent entrer le vaisseau dans le Port-Louis.

« Un hasard singulier fit que les trois vaisseaux de guerre hollandais, avec douze autres vaisseaux marchands de leur flotte, arrivèrent le même jour, ainsi que l'*Aigle-Noir*, *la Faluère* et *la Léonore*. *Le Sans-Pareil* s'y rendit aussi le lendemain, après avoir été vingt fois sur le point de périr par le feu et par la tempête.

« Un de mes premiers soins, en arrivant, fut de m'informer de l'état où se trouvait M. le baron de Wassenaër, que je savais très grièvement blessé. J'allai sur-le-champ lui offrir avec empressement ma bourse et tous les secours qui étaient en mon pouvoir. Ce généreux homme de guerre, dont la valeur m'avait inspiré du respect et de l'émulation, ne voulut pas me faire l'honneur d'accepter mes offres ; il se contenta de m'en témoigner beaucoup de reconnaissance, et de me dire qu'il se serait plus aisément consolé de son malheur, s'il avait pu se faire porter à bord de mon vaisseau, où il était persuadé qu'il aurait reçu tous les secours et toutes les honnêtetés qui auraient dépendu de moi. Je compris à ce discours qu'il n'avait pas lieu de se louer de ceux qui s'étaient rendus maîtres de son vaisseau. J'en restai confus, et je conçus l'indignation la plus grande contre l'officier qui y commandait. Je lui en fis tous les reproches qu'il méritait, et j'ajoutai à ces reproches des mortifications très sensibles. Il m'a été depuis impossible de le regarder d'un bon œil, quoiqu'il fût mon très proche parent. Effectivement, quiconque n'est pas capable d'aimer et de respecter la valeur dans son ennemi vaincu, ne peut pas avoir le cœur bien placé. Un des plus sensibles chagrins que j'aie eus de ma vie a été de n'avoir pu témoigner, comme je l'aurais désiré, à ce valeureux et infortuné vice-amiral de Hollande, toute l'estime et toute la vénération que j'ai pour sa vertu.

« Sur le compte que M. le comte de Pontchartrain, qui exerçait en survivance de M. son père la charge de secrétaire d'État de la marine, rendit de cette action au roi, il eut la bonté de me prendre à son service en qualité de capitaine de frégate légère. Sensible à cette grâce, autant que le peut être un sujet plein de zèle et d'admiration pour son prince, je n'attendis pas le désarmement de mes vaisseaux délabrés pour aller en remercier Sa Majesté. Je lui fus présenté dans son cabinet par M. le comte de Pontchartrain, et j'y reçus des marques de sa bonté et de sa satisfaction, qui touchèrent mon cœur d'autant plus vivement, qu'une sorte d'inclination m'attachait à ce grand roi. M. de Wassenaër eut aussi l'honneur de lui faire sa révérence, quand il fut guéri de ses blessures, et sa valeur lui fit recevoir de Sa Majesté des témoignages d'estime et de bienveillance tout à fait distingués. Il est vrai

que personne ne connaissait aussi bien quel est le prix
de la vertu, et ne savait mieux aussi la récompenser
partout où elle éclatait. L'aversion que j'ai toujours eu
pour le personnage de courtisan ne m'empêchait pas
de lui faire assidûment ma cour, et de lui marquer mon
attachement fidèle et désintéressé, dont la connaissance
ne put échapper à sa pénétration. Cependant, comme
ce n'était pas par cet endroit que je désirais le plus me
rendre digne de ses bontés, je sollicitai et j'obtins de
Sa Majesté ses vaisseaux *le Solide* et *l'Oiseau* pour
retourner faire la guerre à nos ennemis. »

CHAPITRE III

Croisières des îles Orcades, de la Manche et des îles Sorlingues. — Il est nommé capitaine de vaisseau. — Mort de son plus jeune frère. — Croisière sur les côtes du Portugal.

« Avant de me rendre à Brest pour les armer, je passai à Saint-Malo, et j'engageai deux de mes amis à me venir joindre avec deux autres vaisseaux, de trente-six canons chacun. Ils les conduisirent à Brest, et nous étions sur le point d'en sortir pour aller ensemble croiser, quand le roi jugea à propos de donner la paix à l'Europe. La publication qui en fut faite m'obligea de faire rentrer mes vaisseaux dans le port, et d'y désarmer.

« Pendant les quatre années que dura cette paix, je passais les hivers à Brest, qui était mon département, et les étés à Saint-Malo, où, depuis le bombardement de cette ville par les Anglais, le roi envoyait tous les ans, au printemps, un corps d'officiers et de soldats de la marine. Je m'occupai pendant ce temps-là à me perfectionner dans les sciences et dans les exercices qui avaient rapport à mon état.

« En 1702, sur la fin de ces quatre années de paix, je fus nommé capitaine en second sur le vaisseau du roi *la Dauphine*, commandé par M. le comte de Hautefort, lieutenant général des armées navales de Sa Majesté, mais la guerre s'étant déclarée, on me fit débarquer pour armer en course les frégates du roi *la Bellone*, de trente-huit canons, et *la Railleuse*, de vingt-quatre. Comme il n'y avait point d'autres vaisseaux dans le port de Brest en état de croiser, je fus obligé de me borner à ces deux-là, et j'en engageai deux autres de quarante canons à venir me joindre de Saint-Malo à Brest.

« L'un d'eux, commandé par M. Porée, qui s'était acquis la réputation d'un très brave homme et très entendu, par plusieurs actions distinguées, se rendit le premier à Brest, et l'autre tardant trop à arriver, nous mîmes ensemble à la voile et fûmes croiser dans les Orcades. Nous y prîmes trois vaisseaux hollandais venant du Spitzberg; mais une tempête qui nous sépara fit périr deux de ces prises sur les côtes d'Écosse. L'orage ayant cessé, et cherchant à rejoindre mes camarades, je découvris, au lieu d'eux, un vaisseau hollandais de trente-huit canons, qui croisait pour couvrir les pêcheurs de harengs. J'arrivai sur lui, et ayant arboré mon pavillon, je fis prolonger ma civadière, afin de l'aborder plus aisément. Ce vaisseau se sentant aussi fort que moi, bien loin de plier, cargua ses deux basses voiles, et mit en panne avec son grand hunier sur le mât, et le vent dans son petit. J'étais prêt à le ranger sous le vent, et déjà mon beaupré était par le travers de sa poupe, quand il mit tout d'un coup son grand hunier en ralingue, appareilla sa misaine, et traversant ses voiles d'avant, il arriva si promptement, que je ne pus l'empêcher de mettre mon beaupré dans ses grands haubans. Cette situation désavantageuse me fit essuyer le feu de toute son artillerie sans pouvoir lui riposter que de six canons de l'avant. J'étais perdu si je n'avais pris, à l'instant même, le parti de faire sauter tout mon équipage à son bord. Le plus jeune de mes frères, qui était mon premier lieutenant, s'y lança le premier, tua un des officiers à ma vue, et se distingua par des actions au-dessus de son âge. Cet exemple de rare intrépidité dans un si jeune homme anima si puissamment le reste de mes gens, qu'il ne resta dans mon vaisseau qu'un seul pilote avec quelques timoniers et avec les mousses. Le capitaine hollandais fut tué avec tous ses officiers, et son vaisseau fut enlevé en moins d'une demi-heure. J'avais déjà reçu deux coups de canon à fleur d'eau qui pénétraient dans ma fosse aux lions, quatre autres dans mes mâts de beaupré et de misaine, et trois dans

mon grand mât, de manière que toute son artillerie m'enfilant de l'avant à l'arrière, c'était une nécessité de
vaincre brusquement ou de périr sans ressource.

« Nos deux vaisseaux se trouvèrent si maltraités de
cet abordage, que je fus obligé, pour les rétablir, d'aller
dans un port de l'île d'Islande. Nous y essuyâmes un
coup de vent très violent qui, m'ayant mis dans un
danger évident de périr à l'ancre, me força de remettre
à la voile et d'y laisser ma prise. Elle en sortit peu de
temps après, et fit naufrage sur les côtes d'Écosse. Je
pris encore un autre vaisseau hollandais qui coula bas,
et dont je ne pus sauver qu'une partie de l'équipage,
avec bien de la peine et du péril.

« Rebuté de ces tempêtes continuelles, et ne retrou-
vant point mes camarades, je fis route pour aller terminer
ma croisière à l'entrée de la Manche. La tourmente,
toujours opiniâtre, m'y accompagna, et me démâta,
pendant la nuit, de mon beaupré, de mon mât de misaine
et de mon grand mât de hune. Cet accident me fit encore
envisager la mort d'assez près. La Providence seule
me conserva, et me donna la force d'arriver dans le
port de Brest, où je désarmai.

« Mes deux camarades n'avaient pas été plus heureux. M. Porée ayant, de son côté, rencontré un vaisseau
de guerre hollandais, il l'attaqua avec sa bravoure ordinaire. Mais s'étant mis en devoir de l'aborder, il eut

le bras emporté d'un coup de canon, et reçut une autre
blessure très dangereuse au bas ventre, dont il ne
réchappa que par une espèce de miracle.

« *La Railleuse*, qui était montée par un de mes parents,
fut contrainte de faire vent arrière, au gré de l'orage,
qui la poussa vers Lisbonne. Elle y relâcha, et de là se
rendit à Brest, sans avoir pu faire aucune prise.

« L'année suivante, 1703, le roi m'accorda ses vaisseaux *l'Éclatant* de soixante-six canons, *le Furieux*,
de soixante-deux, et *le Bienvenu*, de trente. Je montai
le premier, sur lequel je ne mis que cinquante-huit
canons, et sur *le Furieux* que cinquante-six, afin de
les rendre plus légers. M. Desmarais-Herpin, lieutenant de port, monta ce dernier vaisseau, et *le Bienvenu*
fut commandé par M. Desmarques, lieutenant de vaisseau du roi. Je fis joindre à ces trois navires deux
frégates de Saint-Malo, de trente canons chacune,
dans le dessein d'aller tous cinq détruire la pêche des
Hollandais sur les côtes du Spitzberg.

« Ces deux frégates m'ayant joint à Brest, je mis à
la voile, et fus d'abord croiser sur les Orcades, sur l'avis
que l'on m'avait donné que quinze vaisseaux hollandais,
revenant des Indes orientales, devaient y passer. Y
étant arrivé, je découvris effectivement quinze vaisseaux, que je ne pus bien distinguer, à cause de la
brume qui était assez épaisse. L'attente où j'étais de

pareil nombre de bâtiments venant des grandes Indes me fit croire que c'étaient eux.

« Dans cet espoir, je m'avançai pour les reconnaître de plus près ; mais le brouillard se dissipant, nous connûmes que c'était une escadre de gros vaisseaux de guerre hollandais, qui croisaient au-devant de ceux que nous cherchions. Nous ne balançâmes point à mettre toutes nos voiles au vent, afin de les éviter. Cependant il se trouva parmi eux cinq à six vaisseaux nouvellement carénés, qui allaient si bien, contre l'ordinaire des vaisseaux hollandais, qu'ils joignaient à vue d'œil *le Furieux* et *le Bienvenu*. Ce dernier vaisseau surtout, était près de tomber entre leurs mains. Je ne pus me résoudre à le voir prendre sans coup férir ; et comme *l'Éclatant*, que je montais, était le meilleur de ma petite escadre, je fis carguer mes basses voiles, et demeurai de l'arrière d'eux, afin de les couvrir, faisant, en cette occasion, l'office du bon pasteur qui s'expose à périr pour sauver son troupeau. Dieu bénit mes soins, et permit que le vaisseau de soixante canons qui venait me combattre à portée de pistolet, fût, en trois ou quatre bordées de canon et de mousqueterie, lâchées à bout touchant, démâté de tous ses mâts, et rasé comme un ponton. Les quatre vaisseaux qui se trouvaient le plus près de lui, et poursuivaient *le Bienvenu* et *le Furieux*, se lancèrent aussitôt sur moi, pour secourir leur camarade. Je les attendis sans me presser, les saluant l'un après l'autre de quelques volées de canon, dans le dessein de les attirer davantage. En effet, ils s'amusèrent alternativement à me canonner assez longtemps, pour permettre aux vaisseaux de mon escadre de gagner le large en toute sûreté, et même de les perdre de vue, à la faveur d'un brouillard épais qui s'éleva subitement. Les ennemis s'opiniâtrèrent à me suivre et à me combattre tant que je fus sous leur canon. Mais je n'eus pas plutôt vu mes vaisseaux hors de péril, que je fis de la voile, et me mis hors de leur portée en assez peu de temps. Je revins ensuite du côté où j'avais remarqué que mes camarades avaient fait route, et je fus assez heureux pour les rejoindre avant la nuit.

« M. le chevalier de Courserac, lieutenant de vaisseau, qui était mon capitaine en second, me seconda de la tête et de la main, dans cette occasion délicate, avec beaucoup de valeur et de sang-froid. Nous n'eûmes qu'environ trente hommes hors de combat. C'est cependant, de toutes les affaires où je me suis trouvé, celle dont je suis resté intérieurement le plus flatté, parce qu'elle m'a paru la plus propre à m'attirer l'estime de tous les cœurs vraiment généreux.

« La rencontre de cette escadre ennemie m'empêcha de croiser plus longtemps dans ces parages, et me fit aller droit aux côtes du Spitzberg. Nous y prîmes, rançonnâmes et brûlâmes plus de quarante navires baleiniers. La brume nous en fit manquer un grand nombre d'autres. J'eus l'avis qu'il y en avait deux cents dans le port de Groüenhave. Je m'y présentai, et j'étais déjà engagé entre les pointes qui forment cette baie, quand il s'éleva un brouillard si épais et un calme si grand, que nos vaisseaux, ne gouvernant plus, furent jetés par les courants jusque dans le nord de l'ile de Vorland, par le 61° de latitude, et si près d'un banc de glaces qui s'étendait à perte de vue, que nous eûmes bien de la peine à empêcher nos vaisseaux de donner dedans. A la fin, il vint un peu de vent qui nous mit au large et en état de retourner au port de Groüenhave. Nous n'y trouvâmes plus les deux cents navires baleiniers hollandais; et nous y apprîmes que, pendant ce calme qui nous avait poussés vers le nord, ils s'étaient fait remorquer par un grand nombre de bateaux dont ils sont pourvus pour la pêche de la baleine, et qu'ils avaient fait route sous l'escorte de deux vaisseaux de guerre.

« Les brumes sont si fréquentes dans ces parages, qu'elles nous firent tomber dans une erreur fort singulière, et qui m'a paru mériter d'être rapportée.

« On se sert, dans les vaisseaux, d'horloges de sable qui durent une demi-heure; et les timoniers ont soin de les retourner huit fois pour marquer le quart, qui est de quatre heures, au bout duquel la moitié de l'équipage relève celle qui est sur le pont. Or, il est assez ordinaire que les timoniers, voulant chacun abréger leur quart, surtout dans une contrée où le froid est si rigoureux, tournent cette horloge avant qu'elle soit entièrement écoulée. Ils appellent cela *manger du sable*. L'erreur qui résulte de ce petit tour d'adresse ne se peut corriger qu'en prenant la hauteur au soleil ; et comme la brume nous le fit perdre de vue pendant neuf jours entiers, et que d'ailleurs, dans la saison et par la latitude où nous nous trouvions, il ne fait que tourner autour de l'horizon, de manière que les jours et les nuits sont également éclairés, il arriva que les timoniers, à force de manger du sable, étaient parvenus, au bout de ces neuf jours, à faire du jour la nuit, et de la nuit le jour ; de sorte que tous les vaisseaux de l'escadre, sans exception, trouvèrent au moins onze heures d'erreur quand le soleil vint à reparaître. Cela avait tellement dérangé les heures du repas, et celles du sommeil, qu'en général, nous avions envie de dormir quand il était question de manger, et de manger quand il fallait dormir. Nous n'y fîmes attention et nous ne fûmes désabusés que par le retour du soleil.

« Au bout de deux mois de croisière sur ces parages, la saison nous obligea de faire route avec nos prises, pour retourner en France. Nous essuyâmes, dans cette longue traversée, des coups de vent fort vifs et très fréquents, qui séparèrent une partie de nos prises. Quelques-unes firent naufrage, quelques autres furent reprises par les ennemis, et nous n'en conduisîmes que quinze dans la rivière de Nantes, avec un vaisseau anglais chargé de sucre, que nous avions pris chemin faisant ; après quoi, nous retournâmes à Brest pour y désarmer.

« A mon retour dans ce port, j'obtins du roi la permission d'y faire construire deux vaisseaux de cinquante-quatre canons chacun, dont l'un fut nommé *le Jason*, et l'autre *l'Auguste*, et une corvette de huit canons, appelée *la Mouche*, pour servir d'éclaireur. Je montai le *Jason*, M. Desmarques *l'Auguste*, et M. de Bourgneuf *la Mouche*.

« Ces vaisseaux étant prêts, je mis à la voile et j'établis une croisière sur les Sorlingues, îles fort fréquentées par des vaisseaux de guerre, parce qu'elles servent d'attérage aux vaisseaux marchands et aux flottes. J'y trouvai d'abord un garde-côte anglais de soixante-douze canons, nommé *la Revanche*, qui vint me reconnaître à portée de canon. J'étais éloigné de trois lieues de mes camarades, mais cela ne m'empêcha pas de m'avancer avec ma civadière prolongée, dans l'intention de l'aborder. Surpris de cette manœuvre, il prit chasse vers les Sorlingues, et je ne pus le joindre plus près qu'à portée de fusil. Nous étions même si égaux de voiles, que sans perdre ni gagner un pouce de terrain, nous combattîmes pendant trois heures, et perdîmes de vue *l'Auguste* et *la Mouche*. Cependant je m'opiniâtrai à le poursuivre, et je le harcelai si vivement que pour éviter l'abordage, où je m'efforçais de l'engager, il se réfugia dans le port des Sorlingues, ce qui m'obligea de revirer de bord pour rejoindre mes camarades.

« Peu de jours après, *la Mouche* s'étant séparée de nous pendant la nuit, fut rencontrée par ce même vaisseau *la Revanche*, qui la joignit et s'en empara. Il s'était fortifié dans la compagnie du *Falmouth*, vaisseau de guerre anglais de cinquante-quatre canons, à dessein de nous chercher, mon camarade et moi, et de nous combattre. Du moins s'en vanta-t-il au capitaine de *la Mouche*, lorsqu'il s'en fut rendu maître.

« Sur ces entrefaites, nous découvrîmes pendant la nuit une flotte de trente voiles qui sortait de la Manche. Nous la conservâmes jusqu'au jour, qui nous fit voir qu'elle était escortée d'un vaisseau de guerre anglais de cinquante-quatre canons, qui s'appelait *le Coventry*. Je fis signal à *l'Auguste* de donner au milieu de la flotte, et j'avançai vers *le Coventry*, pour l'aborder. Un peu trop d'ardeur me le fit dépasser d'une portée de pistolet, et manquer ce premier abordage. Je revins aussitôt sur lui, et m'en rendis maître en moins de trois quarts d'heure. Douze autres vaisseaux anglais de cette flotte furent pris. Le reste se sauva à la faveur des ténèbres qui les dérobèrent à notre poursuite.

« En conduisant toutes nos prises à Brest, nous vimes deux gros vaisseaux avec une corvette, qui arrivaient vent arrière, et qui mirent en travers à une lieue au vent de nous. Je reconnus aisément *la Revanche* et *lo Falmouth*, avec ma pauvre *Mouche*. Cet objet mit tout mon sang en mouvement, et, quoique affaibli d'équipage, et embarrassé de prises, je mis, sans balancer, toutes voiles au vent pour les joindre et leur livrer combat. Alors, bien loin de soutenir mon approche, ils prirent honteusement la fuite. Nous les poursuivîmes jusqu'à la nuit, qui m'obligea de rejoindre mes prises, pour les mettre en sûreté dans le port de Brest.

« Pendant cette relâche, j'obtins du roi la permission de faire construire une frégate de vingt-six canons, qui fut nommée *la Valeur*. J'en confiai le commandement à mon jeune frère, dont l'application et la bravoure me donnaient de grandes espérances. Et en attendant qu'elle fût achevée, je remis en mer avec mes deux vaisseaux, et deux frégates de vingt-six canons, qui se joignirent à moi. Je fis, en leur compagnie, trois prises anglaises, à la vue du cap Lézard. J'avais fait mettre ma chaloupe à la mer avec deux officiers et soixante de mes meilleurs matelots, afin de les amariner, quand, tout d'un coup, il parut, à la pointe du jour, deux gros vaisseaux de guerre, qui arrivèrent sur nous avec tant de vitesse, que je n'eus pas le loisir de reprendre une partie de mes gens, ni celui de me préparer au combat, comme je l'aurais voulu. J'en fis cependant le signal à mes camarades, et courant à la rencontre du plus gros vaisseau ennemi, nommé *le Rochester*, de soixante-six canons, je me présentai pour l'aborder. Aussitôt qu'il me vit à portée de pistolet, prêt à le prolonger, il me lâcha sa bordée de canons, chargés à mitraille, qui me hacha toutes mes voiles d'avant, lesquelles, se trouvant dénuées de bras-de-bouline et d'écoutes, se coiffèrent sur les mâts et firent prendre à mon vaisseau vent d'avant malgré son gouvernail. Dans cette situation, l'ennemi eut le temps de me tirer une seconde bordée, qui m'enfilait de l'arrière à l'avant, et qui me mit beaucoup de gens hors de combat. Tous mes mâts en furent endommagés, et ma vergue de grand hunier, ayant été coupée en deux, tomba par malheur sur ma grande voile qu'elle perça à droite et à gauche et qu'elle embarrassa tellement que je ne pouvais absolument plus manœuvrer.

« Dès qu'il me fut possible de mettre le vent dans les voiles de mon vaisseau, tout ce que je pus faire fut de lâcher ma bordée à l'ennemi, et de gouverner ensuite

vent arrière, pour travailler à me remettre un peu en
état. J'étais obligé, en faisant cette manœuvre, d'aller
ranger de fort près le second vaisseau ennemi, nommé
le Modéré, de cinquante-six canons, contre lequel
mon camarade canonnait de loin. Nous nous tirâmes, en
passant, nos deux bordées de canon et de mousqueterie, et je continuai de gouverner, vent arrière,
afin de me rejoindre à *l'Auguste*, et de revenir ensemble à la charge, aussitôt que j'aurais pu remettre
mes manœuvres un peu en ordre.

« Je voudrais pouvoir dissimuler ici que M. Desmarques, bien loin de courir à mon secours, ou du
moins de m'attendre, mit des voiles pour s'éloigner de
moi, pendant que les deux vaisseaux ennemis, s'étant
mis à droite et à gauche du mien, me combattaient
avec une extrême vivacité. Je faisais aussi feu sur eux
des deux bords, et je ne voulus pas permettre qu'on
mît davantage de voiles, ni même que l'on coupât le
câble de ma chaloupe que j'avais à la remorque.
Malgré cet exemple, *l'Auguste* fit encore appareiller
son foc d'avant, qui était la seule voile qui lui restait
à mettre ; et les deux frégates, de leur côté, ne firent
pas le moindre mouvement pour venir me secourir. Je
ne sais pas, en vérité, si le dessein des uns et des autres
n'était point de me sacrifier. Toutes les apparences y
étaient. Mais il arriva que mon vaisseau, sans avoir

de grand hunier, sans aucunes minces voiles, et traînant une chaloupe, allait encore plus vite que *l'Auguste,* avec toutes ses toiles. Lassé cependant et outré de cette indigne manœuvre, après lui avoir fait, mais inutilement et à plusieurs reprises, le signal de venir me parler, je lui fis tirer un coup de canon à boulet, et ma résolution était prise de faire cesser mon feu sur les Anglais et de pointer tous mes canons sur lui, s'il avait tardé plus longtemps à obéir à mon signal. Il cargua enfin ses voiles, et les ennemis nous voyant joints, arrivèrent vent arrière, et cessèrent le combat, après avoir tiré chacun leur bordée à M. Desmarques. Cette distinction marquait assez l'estime qu'ils faisaient de sa façon d'agir. Je passe aussi légèrement qu'il m'est possible sur l'ingratitude de cet officier, que j'avais préservé, l'année précédente, d'une escadre hollandaise, en m'exposant seul, comme je l'ai raconté, pour empêcher que le vaisseau du roi *le Bienvenu,* qu'il montait alors, ne tombât au pouvoir des ennemis. J'éviterais même d'en parler, si je n'avais à me justifier de n'avoir pas pris ces deux vaisseaux anglais, lesquels ne m'auraient certainement pas échappé, si j'avais été passablement secondé. La manœuvre des deux frégates ne fut pas plus estimable que celle de *l'Auguste.* Bien loin de se tenir à portée de nous jeter du renfort, si nous avions abordé les vaisseaux ennemis, comme c'était mon intention, elles s'éloignèrent avec nos prises pour juger des coups en toute sûreté.

« Après cette aventure, je me hâtai de retourner à Brest, avec mes trois prises, impatient de faire tomber le commandement de *l'Auguste* à quelque officier de meilleure volonté. Mais celui-ci trouva tant de protection auprès du commandant du port, que je fus contraint de souffrir qu'il continuât son service pendant cette campagne. Cette dure nécessité me piqua si vivement, que j'aurais abandonné le commandement de ces vaisseaux, et même entièrement quitté la marine, si l'amour et le respect que j'avais pour la personne du roi, joints au désir ardent de mériter son estime, n'eussent été plus puissants que mon ressentiment. Ce chagrin fit que je me joignis au vaisseau du roi *le Protée*, qui était près de mettre à la voile, sous le commandement de M. de Roquefeuille, aimant mieux servir sous les ordres d'un si brave homme que de commander à des gens sur lesquels je ne pouvais plus compter. Nous achevâmes la campagne à l'entrée de la Manche, sans faire aucune rencontre digne d'attention, et je revins désarmer à Brest.

« En 1705, les vaisseaux du roi, *le Jason* et *l'Auguste*, y furent carénés de frais. Ce dernier fut monté par M. le chevalier de Nesmond ; la frégate *la Valeur* étant achevée, mon jeune frère en prit le commandement

Nous établîmes notre croisière à l'entrée de la Manche, et sur les côtes de l'Angleterre. Nous y trouvâmes deux vaisseaux de guerre anglais, *l'Élisabeth*, de soixante-douze canons, et *le Chatam*, de cinquante-quatre. Ils arrivèrent vent arrière sur nous, et nous leur épargnâmes la moitié du chemin. Je m'avançai contre *l'Élisabeth*, et me présentai pour l'aborder du côté de bâbord. Nos bordées de canons et de mousqueterie furent tirées à bout touchant ; et, au milieu de la fumée, son petit mât de hune tomba. Le grand feu qui sortait des deux vaisseaux m'empêcha de le remarquer, et fit que je ne pus modérer ma course assez à temps pour jeter mes grappins à son bord ; ainsi je le dépassai, malgré moi, d'une portée de pistolet. Il profita de cette occasion, arriva par ma poupe, et m'envoya sa bordée de tribord, qu'il n'avait point encore tirée. J'arrivai comme lui, et lui ripostant de la mienne, je le tins sous le feu continuel de ma mousqueterie, faisant gouverner mon vaisseau de manière à ne plus manquer un second abordage. Le capitaine de *l'Élisabeth* fit tous ses efforts pour l'éviter ; mais je le serrai de si près, que, s'apercevant qu'il ne pouvait plus se dispenser d'être accroché, et que son équipage, saisi d'épouvante de voir tous mes officiers et tous mes soldats, le sabre à la main, rangés sur le plat-bord, et prêts à s'élancer dans son vaisseau, commençait à abandonner les postes, il fit baisser son pavillon, et se rendit après une heure et demie de résistance.

« Dès le commencement de l'action, M. le chevalier de Nesmond et mon frère s'étaient présentés avec la même audace, et ils avaient tiré leurs bordées aux deux vaisseaux ennemis. Quand ils me virent opiniâtrement attaché à *l'Élisabeth*, ils tournèrent du côté du *Chatam* pour l'aborder. Leurs efforts furent vains par l'habileté du capitaine de ce vaisseau, qui avait eu la précaution de se tenir assez au vent de son camarade, pour éviter l'abordage. D'ailleurs, son vaisseau allant mieux que ceux des autres, il était par conséquent le maître de combattre à telle distance qu'il voulait. Quand il vit *l'Élisabeth* rendue, il mit toutes ses voiles au vent pour s'échapper. Attentif à sa manœuvre, je m'aperçus, étant encore à bord de *l'Élisabeth*, de ce qu'il voulait faire ; et, comme mon vaisseau allait infiniment mieux que *l'Auguste* et la *Valeur*, je ne balançai point à les charger du soin d'achever d'amariner le vaisseau pris. Je fis pousser en même temps au large, et toutes mes voiles furent mises au vent, pour atteindre ce *Chatam*, que je connaissais pour être un excellent marcheur. Je ne pus jamais l'approcher plus près que la portée du fusil ; il fut même assez heureux pour n'être ni démâté, ni désemparé par toutes les bordées que je lui tirai. Je le poursuivis à coups de canon jusqu'en vue des côtes d'Angleterre, et la nuit seule me fit cesser cette chasse, pour rejoindre *l'Élisabeth* et mes deux camarades.

« Le lendemain il s'éleva une tempête qui nous sépara tous, et qui mit *l'Élisabeth* en grand danger de périr sur les côtes de Bretagne. Cet orage apaisé, je rejoignis *l'Auguste* et *l'Élisabeth*, et nous fîmes route ensemble pour nous rendre dans le port de Brest. Chemin faisant, nous découvrîmes sous le vent deux corsaires de Flessingue, l'un de quarante canons, l'autre de trente-six, qui nous attendirent assez témérairement. Je courus sur eux, et ayant devancé mes camarades, je joignis ces deux vaisseaux qui étaient demeurés en panne à une portée de fusil l'un de l'autre. Je lâchai, en passant, toute ma volée de canon et de mousqueterie au plus fort des deux, qui s'appelait *l'Amazone*. Je comptais qu'il en serait démâté ou désemparé, et que, le laissant à *l'Auguste* qui s'avançait à toutes voiles, je pourrais rejoindre aisément son camarade ; mais le premier de ces corsaires, n'ayant pas été fort incommodé de ma bordée, tous deux prirent aussitôt chasse, l'un d'un côté, l'autre de l'autre, et je me trouvai dans le cas d'opter. Je revins sur le plus fort, commandé par un déterminé corsaire, qui se défendit comme un lion, pendant près de deux heures. Il est vrai que dans le peu de temps que j'avais couru sur son camarade, il avait eu l'habileté de gagner une

portée de fusil au vent, et, par cette raison, je ne me
trouvais plus en mesure de l'aborder. Un peu trop de
confiance m'avait même empêché de prendre les précautions nécessaires pour tenter ou soutenir l'abordage.
J'eus bientôt lieu de m'en repentir, puisqu'il eut l'audace d'arriver sur moi, au milieu du combat, et de
prolonger sa civadière dans l'intention de m'aborder
moi-même, ou de m'obliger à plier. À l'instant, je fis
cesser le feu de mon canon et de ma mousqueterie,
détachant au plus vite deux de mes sergents pour aller
chercher des haches d'armes, des sabres, des pistolets
et des grenades. Et tout d'un coup, faisant border mon
artimon, je poussai mon gouvernail à venir au vent,
afin de seconder le dessein que l'ennemi paraissait
avoir de me joindre.

« Ce mouvement ralentit son ardeur, et le porta à retenir aussitôt le vent, de sorte qu'il ne fit que toucher mon bossoir en passant, et passa en même temps
au large. Dans cette situation, je lui lâchai toute ma
bordée de canon et de mousqueterie. Mon artillerie
était chargée à double gargousse. Cette bordée fut suivie de trois autres, coup sur coup, qui, crachées à bout
touchant, le démâtèrent de tous ses mâts, et le rasè-
rent comme un ponton. Ce brave capitaine ne se rendit qu'à la dernière extrémité. Je le remarquai, dans
ce combat, se portant, le sabre à la main, la tête haute,

de l'arrière à l'avant de son vaisseau, et essuyant une grêle de coups de fusil dont ses habits et son chapeau furent percés en plusieurs endroits. Aussi me fis-je un vrai plaisir de le traiter avec toute la distinction que méritait sa valeur. Je suis même fâché d'avoir oublié le nom d'un homme si intrépide. Je n'aurais pas manqué de le mettre ici.

« M. le chevalier de Nesmond, après avoir poursuivi, pendant assez longtemps, l'autre corsaire flessinguois, sans le pouvoir joindre, revint avec *l'Élisabeth* se rallier à moi, et nous arrivâmes tous deux, peu de jours après, dans la rade de Brest, avec nos deux prises, *l'Élisabeth* et *l'Amazone.*

« Mon frère s'étant trouvé séparé de nous par la tempête, le lendemain de la prise de *l'Élisabeth*, rencontra un autre corsaire de Flessingue, aussi fort d'équipage et de canons que la *Valeur*. Il engagea le combat, et l'ayant démâté d'un mât de hune, il l'aborda et s'en rendit maître après un combat assez opiniâtre. Il était occupé à faire raccommoder sa prise et à se rétablir du désordre où ce furieux abordage l'avait mis, quand deux autres corsaires ennemis, de trente-six canons chacun, attirés par le bruit du canon, fondirent tout à coup sur lui, le forcèrent d'abandonner sa prise, et le chassèrent jusqu'à Saint-Jean-de-Luz, où il se réfugia. Il en sortit peu de temps après, et prit un bon

vaisseau anglais, chargé de sucre et d'indigo; il se
mettait en devoir de le conduire dans le port de Brest,
où il comptait me rejoindre, lorsqu'il eut le malheur
de trouver sur son chemin un autre corsaire ennemi,
de quarante-quatre canons, qui l'attaqua et voulut lui
faire abandonner sa capture. Quoique l'équipage de
la Valeur fût considérablement diminué par les différents combats que cette frégate avait rendus, mon
frère soutint l'attaque, essuya deux abordages consécutifs sans plier, et se comporta avec tant d'habilité et
de courage, qu'au rapport de tout son équipage, il aurait enlevé le corsaire, si, dans le dernier choc, il n'eût
pas été mortellement blessé d'une balle qui lui fracassa
toute la hanche. Il reçut ce coup terrible dans le temps
même que le pont et le gaillard de l'ennemi étaient
abandonnés, et qu'une partie des plus déterminés soldats de *la Valeur* pénétraient à son bord. Ce funeste
accident les obligea de se rembarquer promptement,
et de pousser la frégate du roi au large du vaisseau
ennemi, qui n'eut jamais le courage de profiter de la
consternation que ce malheur avait causé; en sorte
que mon pauvre frère, après avoir mis sa prise
en sûreté, arriva mourant à Brest. Je courus à son
vaisseau avec autant d'inquiétude que d'empressement; je le fis mettre sur des matelas dans ma chaloupe, et je le transportai moi-même à terre, où je lui

procurai tous les secours possibles. Mes soins et ma tendresse ne purent le sauver! Il expira peu de jours après, avec une fermeté et une résignation exemplaires.

« C'est ainsi que la mort m'enleva, en peu de temps, deux frères, l'un après l'autre! Le caractère que je leur avais connu, dans un âge si tendre, promettait infiniment, et leur valeur m'aurait été d'une grande ressource dans toutes mes expéditions. Je les aimais tendrement, et je demeurais d'autant plus accablé de la mort de celui-ci qu'elle réveilla dans mon cœur l'idée touchante du premier, qui avait fini entre mes bras. Ce triste souvenir, malgré le temps et la raison, me pénètre encore d'une douleur très amère et très vive.

« Dans ce temps (1705), il y avait dix-sept vaisseaux de guerre dans la rade de Brest, sous le commandement de M. le marquis de Coëtlogon, lieutenant général des armées, et sur l'avis que l'on avait eu que les Anglais avaient formé de tous leurs garde-côtes rassemblés une escadre de vingt et un vaisseaux de guerre, qui barraient l'entrée de la Manche, cet officier général, plein de valeur et de zèle pour le service du roi et pour la gloire de la nation, brûlait d'envie de mettre à la voile et de les aller combattre. Cette occasion d'honneur suspendit mon affliction, et me fit presser le carénage de nos deux vaisseaux. L'activité avec laquelle j'y fis travailler me mit bientôt en état d'aller offrir mes services à M. de Coëtlogon. Je lui dis que je me ferais un devoir et un plaisir bien sensible de pouvoir servir sous ses ordres, dans une occasion où j'espérais me rendre digne de son estime, et que je l'attendrais aussi longtemps qu'il le jugerait à propos.

« Ces offres furent reçues avec de grandes marques de reconnaissance. Mais cette bonne volonté demeura sans effet, par un conseil de guerre que tint là-dessus M. le comte de Châteaurenault, qui commandait à Brest, et dans lequel il fut jugé que les ennemis étaient trop supérieurs ; de manière que la plus grande partie des vaisseaux qui composaient cette escadre rentrèrent dans le port. Cette résolution me fut annoncée par M. le marquis de Coëtlogon, qui m'en parut mortifié, èt je le fus extrêmement, par l'intérêt que je prenais à la gloire des armes du roi, qui auraient certainement triomphé. J'en puis parler savamment, puisque je tombai deux jours après, comme je le dirai bientôt, au milieu de ces vingt et un vaisseaux anglais. Ils étaient, il est vrai supérieurs en nombre à ceux que commandait M. de Coëtlogon, mais ils étaient moins forts. J'ai remarqué que le sort de presque tous les conseils qui ont été tenus dans la marine, a été de choisir le parti le moins honorable et le moins avantageux ; ainsi je mourrai persuadé que, dans les occasions où le péril est grand, et le succès incertain, c'est au commandant à décider, sans assembler de conseil, et à prendre sur lui le risque des bons ou des mauvais événements ; autrement, la nature, qui abhorre sa destruction, suggère imperceptiblement à la plupart des conseillers, tant de raisons plausibles sur les inconvénients à craindre, que le résultat est toujours de ne point combattre, parce que la pluralité des voix l'emporte.

« Quoi qu'il en soit, M. le marquis de Coëtlogon n'étant pas le maître de suivre les mouvements de son courage, me pria de ne plus différer mon départ ; ainsi je mis à la voile avec mes deux seuls vaisseaux.

« Deux jours après, étant à l'entrée de la Manche pendant la nuit, un vaisseau vint à passer entre nous deux. Nous revirâmes sur lui et le conservâmes. A la pointe du jour, je me trouvai à portée de fusil, un peu au vent, et de l'arrière de lui. Mon camarade se trouva sous le vent, à peu près à la même distance, et je ne tardai pas longtemps à reconnaître *le Chatam*, ce vaisseau qui m'avait échappé lorsque *l'Elisabeth* fut pris. Le capitaine du *Chatam* reconnut aussi mon vaisseau, et cette connaissance le détermina à revirer tout d'un coup, vent arrière. Nous en fîmes autant, et le tenant entre nous deux, cette situation pressante l'obligea de commencer le combat avec *l'Auguste*, qui de son côté se mit à le canonner vivement. La crainte que j'avais que ce vaisseau ne m'échappât une seconde fois me rendit très attentif sur ce qui pouvait assurer le succès de mon abordage. J'avais ordonné à tous mes gens de se coucher sur le pont sans bouger, mon dessein étant de l'aborder sans tirer un seul coup. J'étais déjà sur le point de le prolonger, quand la sentinelle cria, du haut des mâts, qu'elle découvrait plusieurs vaisseaux venant à toutes voiles sur nous. Je me fis apporter mes lunettes d'approche, et reconnaissant que c'était l'escadre anglaise en question, je revirai de bord sans balancer, et fis signal à mon camarade d'en faire autant. Il tarda un peu, à cause de la fumée qui l'empêchait de distinguer mon signal. Aussitôt qu'il s'en aperçut, il revira de bord, et laissa *le Chatam* incommodé au point d'être obligé de mettre à la bande dès qu'il nous vit éloignés de la portée du canon. Nous prîmes chasse, et mîmes toutes nos voiles au vent. Mais cette escadre, composée des vaisseaux d'Angleterre, carénés fraîchement, joignit à vue d'œil *l'Auguste*, que je ne voulais pas abandonner. L'affaire me paraissant des plus sérieuses, je conseillai à M. le chevalier de Nesmond de jeter à la mer ses ancres, sa chaloupe, ses mâts et ses vergues de rechange ; en un mot, de ne rien ménager pour sauver le vaisseau du roi de ce danger pressant.

« Ces précautions furent vaines.

« Les ennemis, qui portaient le premier vent avec eux,

Les deux abordages des vaisseaux *Honslaerdik* et *Delft* furent exécutés avec une égale fierté (page 61).

nous joignirent vers les cinq heures du soir, à portée du canon. Je réfléchis, mais un peu tard, que mon secours était fort inutile contre un si grand nombre de vaisseaux de guerre, qui, tous, allaient mieux que *l'Auguste*, et qu'il y avait de la témérité à perdre deux vaisseaux au lieu d'un. Dans cette vue, je fis signal à M. le chevalier de Nesmond de tenir un peu plus le vent, ayant remarqué que c'était la situation où il allait le moins mal. De mon côté, je pris le parti d'arriver un peu davantage. Mon idée en cela était que l'escadre ennemie ne voudrait pas se séparer, par la crainte qu'elle aurait de celle de M. le marquis de Coëtlogon, qui, la trouvant dispersée, aurait pu lui faire un mauvais parti. Toutes ces réflexions me faisaient espérer qu'un de nous deux au moins se sauverait. Je me flattais même que s'ils s'attachaient au *Jason* seul, qui était un excellent vaisseau, nous pourrions fort bien leur échapper tous deux.

« Ce raisonnement fut déconcerté par leur manœuvre.

« Six vaisseaux se détachèrent sur *l'Auguste*, et quinze autres me poursuivirent. L'un d'eux, nommé *le Honsler*, de soixante-quatre canons, me joignit avec une vitesse extrême. A peine eus-je le temps de me disposer au combat et de ranger chacun à son poste, que ce vaisseau fut à portée de pistolet sur moi. La

précipitation avec laquelle mes gens se préparèrent fit
que les canonniers de la première batterie jetèrent à
la mer une partie des avirons de mon vaisseau, n'ayant
pas le temps de les rattacher au banc du second pont.

« J'eus la curiosité, avant de commencer le combat,
de savoir le nom d'un vaisseau si surprenant par sa légèreté, et je le lui fis demander par un interprète. Cette
interrogation déplut au capitaine qui, pour réponse,
m'envoya toute sa bordée de canon et de mousqueterie,
tirée à bout touchant. Tous ces coups donnèrent dans
le corps de mon vaisseau, et la mer étant fort unie,
j'aurais eu beaucoup de monde hors de combat, sans
cette précaution que j'avais eue d'ordonner à tous mes
gens, et même aux officiers, de se coucher à plat ventre
sur le pont, et de ne se relever qu'au signal que je leur
ferais moi-même, avec ordre de pousser, en se relevant,
un cri de *Vive le roi!* et de pointer tous les canons, les
uns après les autres, sans se presser.

« Cet ordre fut exécuté très régulièrement et réussit
à souhait. Je n'eus que deux hommes de tués et trois
de blessés, et de ma seule décharge de canon et de
mousqueterie, je mis près de cent hommes sur le carreau
à bord du *Honsler*. Le désordre y fut si grand, que je
n'aurais pas manqué de l'enlever d'emblée, s'il n'avait
pas *arrivé* tout à coup, vent arrière, et s'il n'eût pas
été soutenu par plusieurs gros vaisseaux, qui me se-

raient infailliblement tombés sur le corps, avant que j'eusse pu débarrasser le mien d'un pareil abordage. Cependant il fut près de trois quarts d'heure avant de revenir à la charge ; et alors il se mit à me canonner dans la hanche, sans oser m'approcher de plus près que la portée du fusil.

« Sur ces entrefaites, le vent cessa, et les ennemis, après m'avoir harcelé jusqu'à minuit, m'entourèrent de toute part et me laissèrent en repos. Ils étaient bien persuadés que je ne leur échapperais pas et qu'à la pointe du jour ils se rendraient maîtres de mon vaisseau, avec moins de risques et beaucoup plus de facilité.

« J'en étais moi-même si convaincu, que j'assemblai tous mes officiers pour leur déclarer que, ne voyant plus aucune apparence de pouvoir sauver le vaisseau du roi, il fallait au moins soutenir l'honneur de ses armes jusqu'à la dernière extrémité ; et que la meilleure forme à mon sens d'y procéder, était d'essuyer, sans tirer, le feu des vaisseaux qui nous enveloppaient, et d'aller, tête baissée, aborder, debout au corps, le commandant ; que pour plus grande sûreté, je me tiendrais moi-même au gouvernail du vaisseau, jusqu'à ce qu'il fût accroché au bord de l'ennemi, lequel ne s'attendant point à un pareil abordage, et n'ayant, par conséquent, point le temps de faire les dispositions nécessaires pour le soutenir, nous donnerait peut-être occasion de faire

une action brillante avant que de succomber sous le
nombre ; qu'à toute aventure, et de quelque manière
que la chose tournât, il était au moins bien certain que
le pavillon français ne serait jamais baissé, tant que je
vivrais, par d'autres mains que par celles de l'ennemi.

« M. de la Jaille, et M. Bourgneuf-Gravé, mes deux
principaux officiers, parurent charmés de ma résolution,
et tous assurèrent unanimement qu'ils périraient eux-
mêmes plutôt que de m'abandonner.

« Quand j'eus donné mes ordres pour rendre cette
scène plus vive et plus éclatante, je me sentis plus tranquille et voulus prendre sur mon lit une heure de repos.
Mais il mefut impossible de fermer l'œil, et je revins sur
mon gaillard, où j'étais tristement occupé à regarder,
les uns après les autres, toūs les vaisseaux qui me
tenaient cerné, entre autres celui du commandant, qui
était remarquable par ses trois feux à poupe, et par un
quatrième dans sa grande hune.

« Au milieu de cette morne préoccupation, je crus
m'apercevoir, une demi-heure avant le jour, qu'il se
formait un point noir à l'horizon, par le travers de notre
bossoir, et que cette noirceur augmentait peu à peu.
Je jugeai que le vent allait venir de ce côté-là, et comme
j'avais mes basses voiles carguées, et mes deux huniers
tout bas, à cause du calme, je les fis rapparciller sans
bruit, et orienter en même temps toutes les autres, pour

recevoir la fraîcheur qui s'avançait. J'employai aussi ce qui me restait d'avirons à gouverner mon vaisseau, afin qu'il prêtât le côté au vent lorsqu'il viendrait. Il vint en effet, et trouvant mes voiles bien brassées et disposées à le recevoir, il le fit tout d'un coup aller de l'avant.

« Les ennemis, qui dormaient en toute sécurité, n'avaient pas songé à se mettre dans le même état. Dans leur surprise, ils prirent un temps considérable à mettre toutes leurs voiles et à revirer vent arrière pour me rejoindre. Toute cette manœuvre me fit sur eux une bonne portée de canon d'avance ; et alors, le vent augmentant insensiblement, mon vaisseau, qui marchait très bien quand il ventait un peu frais, avança de manière que l'escadre ennemie n'eut pas, à beaucoup près, sur moi le même avantage qu'elle avait eu. Le seul *Honsler* me joignit encore à portée de fusil, et se remit à me canonner dans la hanche ; mais je lui ripostai si vivement, que chaque bordée l'obligeait à culer et le rebutait. Cette chasse dura jusqu'à midi ; et comme le vent augmentait toujours, je m'éloignai de plus en plus de tous les vaisseaux de cette escadre. *Le Honsler* luimême commença aussi à rester de l'arrière de nous.

« Ce fut alors que je me regardai comme un homme vraiment ressuscité, ayant cru fermement que j'allais m'ensevelir sous les ruines du pauvre *Jason*. Je me prosternai pour en rendre grâces à Dieu, et je continuai ma route, pour aller relâcher au plus tôt dans le premier port de France; car j'avais été obligé, pour sauver le vaisseau du roi, de jeter à la mer, non seulement toutes mes ancres, à l'exception d'une, mais aussi tous les mâts et toutes les vergues de rechange.

« Je trouvai le lendemain, à la pointe du jour, un corsaire de Flessingue, de vingt canons, nommé *le Paon*. L'état où j'étais ne m'empêcha point de le poursuivre jusqu'en vue de Belle-Isle, et m'en étant rendu maître je le conduisis au Port-Louis. J'y trouvai trois vaisseaux du roi, mouillés sous l'île de Grois. C'était *l'Élisabeth*, que j'avais pris sur les Anglais dans la campagne précédente, avec *l'Achille* et *le Fidèle*, tous trois sous le commandement de M. de Riberette, qui n'attendait qu'un vent favorable pour retourner à Brest. Je pris au Port-Louis une seconde ancre et un mât de hunier de rechange, et comme j'avais donné un rendez-vous à M. le chevalier de Nesmond, en cas que nous pussions nous échapper de l'escadre ennemie, je crus devoir m'y rendre, et ne pas laisser un vaisseau du roi plus longtemps exposé à tomber au pouvoir des Anglais; d'autant plus que je savais bien qu'il allait fort mal, et que d'ailleurs les navires garde-côtes anglais s'étaient mis sur le pied de croiser, au moins deux ou trois ensemble. Quelques envieux voulurent donner à cette résolution un air de témérité, et me blâmèrent hautement d'avoir remis en mer avec un vaisseau aussi délabré qu'était alors *le Jason*. Il est vrai qu'il était fort mal-traité dans ses œuvres mortes, et que sa poupe était criblée ; mais, d'ailleurs, il ne faisait point eau, et ses mâts étaient en assez bon état. Ainsi ce délabrement de poupe ne pouvait me causer personnellement qu'un peu d'incommodité, chose que je sacrifiais volontiers à mon devoir.

« Je remis donc à la voile avec les trois vaisseaux du roi qui s'en allaient à Brest, et les ayant quittés sur Pen-March, je fus droit à mon rendez-vous, et j'y croisai pendant quinze jours, sans découvrir *l'Auguste*. J'en tirai un sinistre augure. A son défaut, je trouvai le flessinguois *l'Amazone*, que j'avais pris à la cam-pagne précédente, et qu'un de mes amis avait armé pour venir me joindre. Nous prîmes ensemble deux assez bons vaisseaux hollandais, venant de Curaçao, chargés de cacao et de quelques caisse d'argent. *L'Amazone* en conduisit un à Saint-Malo, et je me rendis avec l'autre dans le port de Brest. J'appris, en y arrivant, la prise de *l'Auguste*, dont voici les principales circonstances.

« Ce vaisseau, après avoir exécuté le signal que je lui avais fait de tenir plus de vent, avait été poursuivi par six bâtiments détachés de l'escadre anglaise. L'un d'eux le joignit et lui livra combat, à peu près dans le temps

que je fus attaqué par *le Honsler*. Le chevalier de Nesmond se défendit fort vigoureusement, et, le vent
ayant cessé, il se servit de ses avirons qu'il avait con-
servés, car nous en avions chacun trente, pour s'éloigner des ennemis. Il fut en cela favorisé du calme qui
dura toute la nuit, et, à la pointe du jour, il se trouvait
déjà éloigné de cinq lieues des vaisseaux qui le poursuivaient. Mais le vent s'étant levé, ils le rejoignirent
vers les cinq heures du soir, le combattirent l'un après
l'autre, le démâtèrent et enfin s'en rendirent maîtres
le second jour.

« La frégate *la Valeur*, sur laquelle mon frère avait
été tué, eut la même destinée. Elle était sortie de Brest
peu de jours après nous, sous le commandement de
M. de Saint-Auban, à qui j'avais donné ordre de me
venir joindre sur les parages que je lui avais marqués.
Mais il eut le malheur de trouver en son chemin *le
Honsler*, qui l'atteignit, le désempara et l'obligea de
céder à sa force supérieure.

« Par la prise de ces deux vaisseaux, il ne me restait
que *le Jason*. Tous les autres du port de Brest étaient
employés pour le service du roi. Ainsi je remis en mer
avec ce seul vaisseau, et fus croiser sur les côtes d'Espagne, dans le dessein de joindre l'armée navale du
roi, commandée par M. le comte de Toulouse, amiral
de France.

« Je n'eus pas le bonheur de la découvrir, mais je pris
en chemin un vaisseau anglais, à l'entrée de la rivière
de Lisbonne. De là, m'étant porté à l'ouverture du
détroit de Gilbraltar, j'y trouvai deux frégates anglaises venant du Levant, l'une de trente canons,
armée en guerre, et l'autre de vingt-six, équipée en
navire de commerce. Elles résistèrent trois quarts
d'heure et ne baissèrent leur pavillon que lorsqu'elles
me virent sur le point de les aborder. J'interrogeai les
officiers et les équipages de ces deux prises, et, sur l'assurance qu'ils me donnèrent tous, qu'ils n'avaient eu
aucune connaissance de l'armée navale de France, je
jugeai à propos d'escorter mes deux captures jusqu'à
Brest. En faisant cette route, je pris, à la hauteur de
Lisbonne, un autre vaisseau anglais de cinq cents tonneaux, chargé de poudre pour l'armée ennemie. Je fis
encore une cinquième prise de la même nation que je
trouvai vers le cap Finistère, et je conduisis le tout
à Brest. »

CHAPITRE IV

Nouvelle campagne sur les côtes d'Espagne. — Il est nommé chevalier de Saint-Louis, puis chef d'escadre intérimaire. — Nouvelle
campagne dans la Manche. — Il reçoit une pension de mille livres. —
Campagne de 1708.

« L'année suivante, 1706, j'armai *le Jason* et *le Paon*,
ce corsaire flessinguois de vingt canons que j'avais enlevé l'année précédente. J'en donnai le commandement
à M. de la Jaille qui m'avait déjà servi de lieutenant
et de capitaine en second, et toujours avec un zèle très
distingué. *L'Hercule*, vaisseau du roi, de cinquante-
quatre canons, et commandé par M. de Ruis, lieutenant
de vaisseau, eut ordre de venir du Port-Louis se joindre
à nous dans la rade de Brest, où je reçus une lettre
de Sa Majesté qui m'ordonnait d'aller me jeter dans
Cadix, qui était menacé d'un siège, et d'y servir, avec
ces trois vaisseaux et leurs équipages, sous les ordres
de M. le marquis de Valdecagnas, capitaine général et
gouverneur de la place. Le roi avait eu la bonté de me
nommer capitaine de vaisseau à la dernière promotion ;

et c'était pour moi un nouveau motif de redoubler de zèle pour son service.

« *L'Hercule* tardant trop à se rendre à Brest, je mis à la voile avec *le Paon*, pour l'aller chercher au Port-Louis. Chemin faisant, je rencontrai un vaisseau flessinguois de trente-six canons, nommé *Marlborough*, dont je m'emparai. Je trouvai ensuite *l'Hercule* mouillé sous l'île de Grois, et, après avoir fait entrer ma prise dans le Port-Louis, nous mîmes tous trois à la voile, pour gagner notre destination.

« Étant à la hauteur de Lisbonne, environ quinze lieues au large, nous découvrîmes une flotte de deux cents voiles, venant du Brésil, escortée par six vaisseaux de guerre portugais, depuis cinquante jusqu'à quatre-vingts canons. Cette flotte occupait un très grand espace, et, ayant remarqué un peloton de vingt navires marchands, avec un des vaisseaux de guerre qui était à trois lieues au vent, et séparés du corps de la flotte, je compris que nous pourrions accoster assez aisément ce peloton, sous pavillon anglais, et qu'en amusant le vaisseau de guerre par cette enseigne trompeuse, j'aurais le temps de l'aborder, et de prendre ensuite quelques-uns des vaisseaux marchands, avant qu'ils pussent être secourus par le reste de la flotte.

« La frégate *le Paon* était alors à quatre lieues derrière nous, mais le temps était trop précieux pour l'attendre,

et il ne convenait pas de donner de la défiance aux ennemis en temporisant davantage. Je dis donc à M. de
Ruis qu'il fallait qu'il coupât ce peloton séparé, et que
j'allais aborder le vaisseau de guerre, tandis qu'il se
rendrait maitre des navires marchands qu'il pourrait
joindre. Aussitôt nous arborâmes pavillon anglais, et
je m'avançai vers le vaisseau de guerre portugais,
comme si j'avais eu intention de lui parler en passant,
et de lui demander des nouvelles. Il mit en panne pour
m'attendre ; mais, comme il était à l'encontre de nous,
et qu'il n'était pas possible d'exécuter avec succès
mon abordage dans une situation semblable, je jugeai
à propos de carguer mes basses voiles et de le ranger
sous le vent, afin de l'empêcher d'arriver sur la flotte.

« Dans cette idée, je ne fis mettre mon pavillon blanc
que lorsque je fus à portée de pistolet, et aussitôt je
lui fis tirer toute ma bordée de canon et de mousqueterie. Ce vaisseau surpris ne répondit que par cinq ou
six coups de canon, et le feu continuel de ma mousqueterie l'empêchant de pouvoir manœuvrer ses voiles
d'avant, j'eus le temps de revirer de bord sur mes deux
huniers, et de le prolonger pour exécuter mon abordage.
Déjà mes grappins étaient prêts à l'accrocher, quand
l'*Hercule* vint passer à toutes voiles sous notre beaupré, et tirant sa bordée peu nécessaire, il s'approcha
si près de nous deux, que, pour éviter d'être brisés tous

les trois dans ce triple abordage, je fus contraint de mettre promptement mes voiles sur le mât, et ensuite d'arriver. Cet accident, ou plutôt cette manœuvre inconsidérée m'ayant fait manquer mon abordage, et le vaisseau portugais ne paraissant plus faire aucune résistance, je crus qu'il n'y avait plus d'inconvénient à laisser à mon camarade le soin de l'amariner, d'autant plus que mon vaisseau allant bien mieux que le sien, je pouvais joindre plus vite quelques-uns des vaisseaux marchands, avant qu'ils fussent secourus.

« Cependant, comme dès les premiers coups que j'avais tirés, ils avaient tous arrivé vent arrière sur la flotte et que, d'un autre côté, tous les vaisseaux de guerre venaient à toutes voiles à eux, je me trouvai à portée du canon de ces vaisseaux de guerre avant d'avoir pu atteindre un seul navire marchand.

« Tous purent se sauver.

« Pour comble d'infortune, M. de Ruis auquel j'avais laissé le soin d'amariner le premier vaisseau ennemi, au lieu de l'aborder et de jeter le trouble à son bord se mit à canonner ce vaisseau si vivement, et si longtemps qu'il hacha sa mâture en pièces, de façon qu'après l'avoir soumis, le mât de misaine tombait lorsqu'il y renvoya sa chaloupe.

« Pendant que cela se passait, j'étais occupé à combattre de loin les autres vaisseaux de guerre pour les retarder en les obligeant à me canonner de même, et pour donner, par cette diversion, à M. de Ruis tout le loisir de bien amariner le vaisseau pris. A la fin, jugeant qu'il avait eu pour cette opération un temps plus que suffisant, je revirai de bord sur lui, et voyant le vaisseau démâté, je fis préparer un câble pour le prendre sur-le-champ à la remorque. Ma surprise fut extrême quand j'appris de M. de Ruis qu'il avait été contraint de l'abandonner, parce qu'il allait incessamment couler bas, et qu'il avait eu beaucoup de peine à en retirer nos gens. Lorsqu'il me tint ce discours, le jour allait finir, et les autres vaisseaux de guerre portugais n'étant plus qu'à portée de fusil, le mal me parut sans remède, et je fus obligé de m'en rapporter, bien malgré moi, à ce qu'il me disait.

« Cependant je conservai toute la nuit cette flotte. A la pointe du jour, j'aperçus le vaisseau pris la veille, qui, bien loin d'avoir coulé bas, s'était remâté avec des mâts de hune, et avait bravement pris sa place en ligne avec les autres.

« Cette apparition, à laquelle je ne devais pas m'attendre, m'engagea à faire venir à mon bord M. de Ruis et deux de ses principaux officiers, pour savoir les raisons qui les avaient portés à me dire si affirmativement que ce vaisseau capturé allait incessamment couler bas, et en même temps pour m'informer s'il ne s'était pas du moins assuré, en retirant ses gens, de la personne du capitaine ou de quelque autre officier portugais. Tout ce que je pus tirer de M. de Ruis fut qu'il avait été si pressé de sauver son équipage à cause de l'approche des autres vaisseaux portugais, et dans l'impatience où il était de venir me seconder, qu'il n'avait pas pensé à faire aucun prisonnier, d'autant plus qu'*on lui disait* à chaque instant que sa prise allait couler bas.

« Je compris à son discours que l'insuccès de M. de Ruis venait du pillage que ses matelots avaient fait dans ce riche vaisseau. Ces coquins voyant d'un côté qu'il était démâté, et de l'autre que ses camarades arrivaient, à son secours, avaient eu peur de tomber au pouvoir des ennemis avec leur butin, et, pour éviter ce danger, ils n'avaient pas trouvé de meilleur expédient que celui de crier que la prise allait couler bas, et qu'il n'y avait pas un moment à perdre pour se sauver. Alors, persuadé qu'il y avait dans la conduite de M. de Ruis plus de malheur que de mauvaise volonté, et, qu'ainsi, il était inutile de lui faire des reproches, je crus qu'il convenait, au contraire, de lui fournir l'occasion de réparer son tort par une action éclatante, en le mettant, pour cet effet, dans la nécessité d'aller aborder le commandant portugais, et en me chargeant de le couvrir du feu de tous les autres vaisseaux, pendant qu'il exécuterait cet abordage. Je l'avertis que, pour y bien réussir, il fallait ne pas tirer un coup que ses grappins ne fussent jetés à l'avant et à l'arrière, et nommer pour sauter à bord la moitié de ses officiers, le tiers de ses soldats et de ses manœuvriers, avec deux hommes de chaque canon, afin que les postes restassent passablement garnis. Je lui dis encore que je donnerais ordre à M. de la Jaille, capitaine du *Paon*, de venir aborder *l'Hercule*, aussitôt qu'il le verrait accroché au commandant portugais, et de lui jeter tout son équipage, pour remplacer ceux qui auraient sauté de son bord, et le mettre par ce renfort en état de combattre comme auparavant ; qu'au moyen de ces précautions, j'étais sûr qu'il enlèverait le gros vaisseau, dont l'entrepont était fort embarrassé de marchandises, et dont l'équipage, composé de différentes nations, devait être très peu aguerri. Je fis en même temps sentir à M. de Ruis, que si je ne me chargeais pas de cet abordage, c'était parce que la manœuvre que j'aurais à faire pour le couvrir était la plus délicate et la plus dangereuse ; mais je comptais bien que, quand il aurait enlevé ce gros vaisseau, il viendrait me rendre le même secours que je lui aurais prêté, en me couvrant à son tour, quand j'irais attaquer le vice-amiral portugais.

« Ces précautions prises, et les ordres donnés, nous

arrivâmes sur les vaisseaux de guerre ennemis, qui nous attendaient au vent de leur flotte. Nous essuyâmes, sans tirer, leurs premières bordées, et M. de Ruis aborda le commandant, monté de quatre-vingts canons, avec toute l'audace et la valeur possible. Il jeta ses grappins à son bord, et lui lâcha dans le ventre toute sa bordée de canons chargés à double gargousse. La mousqueterie et les grenades jetèrent, la mort et la terreur, dans ce grand vaisseau, et je ne doute nullement qu'il n'eût facilement été enlevé d'emblée, si M. de Ruis avait eu autant d'attention à sa manœuvre qu'il avait montré d'intrépidité. Mais le commandant ennemi, un instant avant d'être accroché, avait appareillé sa misaine et sa civadière, et poussé son gouvernail à arriver. Ainsi ces deux vaisseaux, liés ensemble, prirent lof pour lof en l'autre bord, de manière que le vent fouetta toutes les voiles du Portugais, et se conserva dans celles de *l'Hercule*. Il arriva que les voiles de l'un étant orientées à courir de l'avant, et celles de l'autre à culer, les grappins se rompirent, et les deux vaisseaux se séparèrent avant que les gens de *l'Hercule* eussent pu sauter sur le vaisseau ennemi.

« J'étais alors là portée de pistolet sous le vent, et je leur criais de toutes mes forces de brasser leurs voiles. Mais dans le bruit et la confusion d'un abordage, je

n'étais pas entendu ; et d'ailleurs j'étais moi-même occupé à combattre et à soutenir le feu des deux *matelots*
du navire commandant qui me chamaillaient rude-
ment. Cependant, voyant ce gros vaisseau, quoique
manqué à l'abordage, si maltraité qu'il ne pouvait presque plus tirer, je voulus tenter de l'accrocher à mon
tour ; mais je ne pus jamais y parvenir, parce que
j'étais un peu trop sous le vent. D'un autre côté, M. de
la Jaille qui s'était avancé à portée de jeter son équipage à bord de *l'Hercule*, ainsi que je l'avais ordonné,
le voyant désaccroché, prit le parti de retenir le vent,
et se démêla comme il put, au milieu de tous ces vaisseaux, au moindre desquels le sien n'était pas capable
de prêter le côté.

« *L'Hercule*, se trouvant désemparé après son abordage, voulut s'écarter pour se réparer plus aisément,
et faisant de la voile, il passa par le travers de deux
vaisseaux de guerre portugais qui le maltraitèrent
encore davantage.

« Grâce à cet accident, je me trouvai seul au milieu
des ennemis. Toutes mes voiles et mes manœuvres
étaient hachées, et le vent ayant cessé, mon vaisseau
avait bien de la peine à gouverner. Heureusement, les
Portugais avaient moins de facilité à se remuer à cause
de leur pesanteur. L'un d'eux n'avait pu revirer comme
les autres sur le commandant, et était resté en panne

assez loin de ses camarades. Je trouvai le moyen de retourner sur lui, à l'aide de mes avirons, et je fis tous mes efforts pour le doubler au vent, dans la résolution de l'aborder. Mais toutes mes manœuvres ayant été coupées, il me fut impossible de le ranger de plus près que la demi-portée de fusil sous le vent ; et comme j'avais d'ailleurs beaucoup de mes gens hors de combat, et que le corps de mon vaisseau était fort maltraité, je me contentai de lui envoyer en passant toute ma bordée, et je continuai ma route, pour me tirer hors de la portée des autres vaisseaux qui ne cessaient de me canonner.

« Dès que je fus débarrassé, je fis signe à *l'Hercule* et au *Paon* de me venir joindre. Ils obéirent, et M. de Ruis me représenta les raisons qui l'avaient obligé de s'écarter de moi, ajoutant qu'il n'était pas en état de recommencer, ayant un aussi grand nombre de gens tués et blessés. Je répondis qu'il fallait donner encore un coup de collier, et que les ennemis, étant, à proportion, aussi incommodés que nous, j'étais résolu de les poursuivre jusqu'à l'extrémité.

« En effet, je ne tardai pas à arriver sur eux, et mes deux camarades me suivirent sans balancer.

« Nous commencions à découvrir les côtes de Portugal, et le vent ayant augmenté, la flotte ennemie s'efforçait d'en profiter pour entrer, avant la nuit, dans le port de Lisbonne. La vitesse de mon vaisseau me fit gagner deux lieues sur *l'Hercule* et sur *le Paon;* en sorte que je joignis, sur la fin du jour, les vaisseaux de guerre portugais, qui étaient restés un peu de l'arrière pour couvrir leur flotte. Ils étaient si incommodés et si rebutés de la besogne, qu'ils m'abandonnèrent ce vaisseau de guerre qui avait été démâté, et pris le jour précédent par M. de Ruis. Je me pressais de le joindre pour m'en emparer, avant que la nuit qui s'avançait fût formée; et, pour plus grande précaution, j'avais mis ma chaloupe à la mer, prête à l'amariner en cas que mon abordage eût manqué par quelque événement imprévu, quand je découvris les brisants des écueils nommés *Arcatophes*, à portée de fusil sous le vent. Ce vaisseau, dont j'étais sur le point de me rendre maître, toucha dessus, et alla échouer entre le fort Carcais et le fort de Saint-Julien. Il s'en fallut très peu que je ne fisse aussi naufrage sur les mêmes brisants, n'ayant eu précisément que le temps de revirer tout d'un coup sur l'autre bord.

« C'est ainsi que par une infinité de circonstances des plus malheureuses et des moins attendues, je perdis une des plus belles occasions de ma vie. La fortune refusa de m'enrichir par la prise de ce vaisseau qui, tout seul, était d'une valeur immense. Au milieu du combat, trois boulets successifs passèrent entre mes jambes; mon habit et mon chapeau furent percés de plusieurs coups de fusil, et je fus blessé, mais légèrement, de quelques éclats. Il semblait que les boulets et les balles vinssent me chercher partout où je portais mes pas.

« Après cette rencontre malheureuse, je rejoignis mes deux camarades, et nous fîmes route pour nous rendre à Cadix, suivant les ordres du roi.

« M. le marquis de Valdecagnas parut fort aise de notre arrivée. Il me chargea du soin de garder les Pontals. Je fis entrer nos trois vaisseaux en dedans. Je disposai les canonniers et les matelots qui me parurent nécessaires pour servir l'artillerie des deux forts de l'entrée; et je fis travailler le reste de nos équipages à perfectionner la batterie de Saint-Louis, qui n'était pas achevée. J'ajoutai à ces précautions celle d'avoir des chaloupes armées de soldats, toutes prêtes à servir en cas de besoin. Je fis aussi armer sur mon crédit, le gouverneur ne voulant donner aucuns fonds, un vaisseau que je fis équiper en brulôt par mes canonniers, pour le placer avec un va-et-vient dans la passe du Pontal la plus aisée à forcer. En un mot, je ne négligeai rien de tout ce qui pouvait contribuer à la sûreté des postes qui m'étaient confiés, sans que pour cela j'assistasse moins régulièrement à tous les conseils de guerre que tenait le marquis de Valdecagnas.

« J'appris qu'il n'y avait pas pour quinze jours de
vivres dans Cadix, quoique le gouverneur eût, sous ce
prétexte, exigé de grosses contributions de tous les
négociants. Je crus de mon devoir de lui représenter
fortement qu'il était absolument nécessaire d'y pourvoir incessamment, s'il ne voulait se trouver exposé,
par ce défaut, à rendre la place à l'armée navale ennemie, que l'on savait être arrivée sur les côtes de Portugal. Mes représentations réitérées lui déplurent; aussi
profita-t-il du premier prétexte qu'il put trouver de me
mortifier, et il l'entreprit contre toute convenance et au
mépris du respect qu'il devait au roi de France qui
m'avait honoré de ses ordres. Il sera aisé d'en juger
par le récit que j'en ferai incessamment.

« On reçut, dans ce temps-là, à Cadix, des nouvelles
de Lisbonne, au sujet de mon dernier combat avec la
flotte portugaise. Elles portaient que le marquis de
Sainte-Croix, amiral de cette flotte, avait été tué, ainsi
que beaucoup d'autres officiers; que cinq de ses vaisseaux de guerre étaient entrés à Lisbonne, fort délabrés,
et que le sixième ayant été démâté et poursuivi de près,
s'était échoué entre les forts de Carcais et de Saint-
Julien, mais qu'on avait sauvé une partie de ses effets.
On ajoutait que ce dernier vaisseau, qui revenait de
Goa, avait relâché au Brésil, où il s'était joint à la
flotte; qu'il était riche de plus de deux millions de

piastres, et que le pillage fait par les gens de *l'Hercule* était estimé à deux cent mille écus; qu'il était même resté dans ce vaisseau portugais quatorze matelots français que le trop de précipitation avait empêché d'en retirer, lesquels avaient été mis au cachot en arrivant à Lisbonne. On apprit aussi, par la même voie, que l'armée navale des ennemis avait quitté les côtes d'Espagne, et qu'il n'y avait pas d'apparence qu'elle pût désormais entreprendre le siège de Cadix.

« Sur ces nouvelles, je pris l'agrément de M. de Valdecagnas pour faire sortir nos vaisseaux des Pontals, et ayant su qu'il y avait dans le port de Gibraltar, soixante navires chargés de vivres et de munitions pour l'armée ennemie, je formai le dessein d'y aller avec le brulôt que j'avais fait équiper à mes dépens et de les brûler. J'aurais exécuté ce projet d'autant plus facilement, qu'ils n'étaient soutenus d'aucun vaisseau de guerre, mais j'eus beau répondre du succès à M. de Valdecagnas, et lui faire à cet égard toutes les instances imaginables, il ne voulut jamais y consentir; et comme j'avais ordre exprès de lui obéir, il ne me resta que le regret de voir échapper une si belle occasion, qui aurait été si avantageuse au service des deux Couronnes.

« Lorsque nos vaisseaux mouillèrent dans la rade de Cadix, j'avais ordonné que nos chaloupes, en allant à terre, ne fussent point armées, et qu'il y eût seulement un officier à bord, pour en contenir l'équipage, afin d'éviter toute discussion avec les Espagnols.

« Il arriva que les barques de la douane, abusant de ma discrétion, insultèrent nos chaloupes à diverses reprises, et même les visitèrent, contre le droit de la nation française. J'en fis mes plaintes par le canal de M. le chevalier de Renaud, Français, et lieutenant général au service d'Espagne, qui résidait à Cadix. Je le priai d'en parler au gouverneur, afin que l'on punît les coupables d'une pareille violence, et qu'on y remédiât à l'avenir, puisque je ne pouvais ni ne devais souffrir qu'on donnât atteinte aux privilèges de ma nation, et qu'on insultât aux vaisseaux du roi. J'ajoutai que le tort des Espagnols était d'autant plus grand, que nous n'étions là que pour les secourir et pour les protéger.

« M. de Valdecagnas ne fit aucune attention à tout ce que lui représenta M. le chevalier de Renaud, et négligea entièrement de pourvoir aux inconvénients qui pourraient arriver ; de sorte que, deux jours après, une barque de la douane insulta une seconde fois la chaloupe de *l'Hercule*, et en maltraita l'officier qui voulait s'opposer à la visite. M. de Ruis, capitaine de ce vaisseau, vint, à huit heures du soir, m'en porter ses plaintes, et me représenter qu'ayant l'honneur de commander dans la rade de Cadix pour le service des deux couronnes, il était de mon devoir d'envoyer sur-le-champ arrêter cette barque, et d'en demander hautement justice, si je ne voulais m'exposer au reproche d'avoir, le premier, souffert des actes injurieux pour la nationalité française, et contraires au respect que l'on devait au roi.

« J'eus la précaution de me faire rendre compte, par l'officier et par l'équipage de la chaloupe, des circonstances de cette insulte, et les ayant trouvées très graves, je détachai deux chaloupes, sous le commandement de M. de la Jaille, pour aller arrêter la barque espagnole, avec ordre exprès de ne point tirer, et de n'user d'aucune violence, qu'à la dernière extrémité.

« La barque en question s'était mêlée parmi plusieurs autres, et M. de la Jaille eut quelque peine à la trouver. A la fin, l'ayant démêlée, il s'avança sur elle. Aussitôt elle prit chasse, et tira, la première, des coups de pierrier et de fusil sur nos chaloupes. Deux de nos soldats en furent blessés, et deux autres tués. M. de la Jaille lui-même eut le devant de son habit emporté par un éclat de mitraille. Alors, se conformant à mes ordres, il aborda cette barque, s'en rendit maître, et la conduisit à bord de mon vaisseau. Cet abordage ne se fit pas sans effusion de sang ; les Espagnols tirant à toute outrance sur nos gens, ceux-ci ne purent être contenus et leur tuèrent trois hommes ; ils en blessèrent trois

autres, que j'eus soin de faire panser par nos chirur-
giens.

« Le lendemain matin, je crus devoir descendre à
terre, avec MM. de Ruis et de la Jaille, pour informer
le gouverneur du fait et pour lui en demander raison.
Mais bien loin de vouloir m'écouter il me fit arrêter
dans son antichambre par le major de la place, et je
fus conduit à la tour Sainte-Catherine.

« M. de Renaud, averti d'un procédé si surprenant,
courut lui en représenter toutes les conséquences, et,
le trouvant mal disposé, il dépêcha un exprès au
marquis de Villadarias, gouverneur d'Andalousie, et
beau-frère de M. de Valdecagnas, le conjurant de venir
interposer son autorité, pour arrêter les suites péril-
leuses d'une pareille affaire.

« M. de Villadarias se rendit le jour suivant à Cadix,
et, dans un conseil qu'il assembla à ce sujet, il fut sim-
plement décidé que l'armée navale des ennemis s'étant
retirée, et le secours des vaisseaux français ne paraissant plus nécessaire à la conservation de la place, on
me ferait sortir de prison, et que je pourrais mettre à
la voile quand bon me semblerait. D'après cette déci-
sion, et pour comble d'outrage, je fus conduit à mon
bord par un garde de police.

« J'y arrivai outré de l'indigne procédé de M. le marquis de Valdecagnas, pour récompense des soins et des

mouvements que je m'étais donnés, avec autant de zèle que si j'eusse été personnellement chargé de conserver Cadix. Toute ma consolation était l'espérance que le roi, bien informé du fait, en tirerait une satisfaction authentique. En effet, sa Majesté s'en étant fait rendre compte, exigea que le gouvernement de Cadix fût ôté à M. le marquis de Valdecagnas, et celui de l'Andalousie à M. de Villadarias, qui s'était donné la licence d'écrire sur cette affaire un rapport très inexact, et en termes peu convenables au profond respect qu'un particulier comme lui devait à un si grand monarque, aïeul de son maître.

« Impatient de quitter cette terre détestée, je mis à la voile dès le lendemain, et je fis route pour me rendre à Brest.

« J'eus, en chemin, connaissance d'une flotte de quinze vaisseaux anglais, escortés par *le Gaspard*, frégate de trente-six canons. Je fis signal à mes camarades de donner dans la flotte, et j'allais aborder *le Gaspard*. Celui qui le commandait se défendit valeureusement, et soutint mon abordage aussi longtemps qu'il lui fut possible. M. de Fossières, officier plein d'ardeur, qui était mon capitaine en second, y fut tué. J'eus encore un autre officier blessé, et nous prîmes douze vaisseaux de cette flotte que nous conduisîmes à Brest.

« J'avais marqué, pendant la route, toutes sortes de

prévenances à l'Anglais, capitaine de ce *Gaspard*, et je m'étais empressé à lui faire connaître tout le cas que je faisais de sa valeur et de sa fermeté. Il fut assez injuste pour attribuer mes politesses à la crainte de tomber à mon tour entre les mains des Anglais, et il poussa l'indiscrétion jusqu'à m'en faire confidence en mangeant à ma table, entre le dessert et la fin du repas. Cette insolence me mit dans la nécessité d'en user, contre mon inclination, avec autant de dureté que je lui avais auparavant témoigné d'estime et d'amitié, afin de lui faire bien comprendre que si je considérais la valeur dans les ennemis du roi, lorsqu'ils étaient vaincus, je savais aussi dompter leur orgueil et braver toutes sortes d'événements, quand il était question de combattre pour ma patrie.

« Le roi m'ayant fait, en 1707, l'honneur de me nommer chevalier de l'ordre de Saint-Louis, je me fis un devoir d'aller recevoir l'accolade de la main même de ce grand prince.

« Je me rendis à Versailles, où sa Majesté voulut bien me faire connaître qu'elle était satisfaite de mon zèle et de mes services. Elle m'en donna des preuves en m'accordant six vaisseaux, *le Lys*, de soixante-quatorze canons; *l'Achille*, de soixante-six, *le Jason*, de cinquante-quatre; *la Gloire*, de quarante; *l'Amazone*, de tretne-six; et *l'Astrée*, de vingt-deux.

« Je partis promptement pour Brest, et je choisis, pour commander ces navires, MM. de Beauharnais, de Courserac, de la Jaille, de Nesmond et de Kuerguelin. Ayant mis à la voile, je fus me placer à la hauteur de Lisbonne, espérant y rencontrer la flotte du Brésil, qu'on attendait incessamment. Je ne pus parvenir à en avoir des nouvelles. Je capturai cependant deux vaisseaux anglais assez riches, qui sortaient du détroit de Gibraltar. De là, m'étant porté à l'entrée de la Manche, je fis quatre autres prises de la même nation, chargées de tabac, et je ramenai le tout à Brest, où je fis caréner mon escadre.

« Je trouvai dans ce port M. le comte de Forbin, chef d'escadre, avec six vaisseaux de guerre qu'il commandait. Nous y reçûmes en même temps l'un et l'autre, de M. de Pontchartrain, ministre de la marine, une lettre qui nous avertissait qu'il y avait aux dunes d'Angleterre, une flotte considérable, chargée de troupes et de munitions de guerre, et prête à faire voile pour le Portugal et pour la Catalogne. Ce ministre nous marquait qu'il était d'une extrême conséquence que nous allassions, sans différer, croiser ensemble pendant quelque temps au-devant de cette flotte, et que nous rendrions un des services les plus importants à l'État, si nous pouvions la joindre et la détruire.

« J'avais sous mes ordres le même nombre de vaisseaux que M. le comte de Forbin, parce que *le Maure*, vaisseau de cinquante canons, commandé par M. de la Moinerie-Miniac, de Saint-Malo, s'était venu joindre à moi à la place de *l'Astrée*, qui restait dans le port. Nous partimes donc tous ensemble de Brest, et nous allâmes nous poster à l'ouverture de la Manche.

« Après avoir passé trois jours sans rien rencontrer, il me parut que M. de Forbin faisait route du côté de Dunkerque, lieu de son désarmement. Il était déjà éloigné de moi d'environ quatre lieues, lorsque je remarquai qu'il changeait sa manœuvre et sa route. Je jugeai qu'il avait fait quelque découverte, et, courant de ce côté, j'aperçus effectivement une flotte qui me parut être de deux cents voiles, et vraisemblablement celle dont M. le comte de Pontchartrain nous avait avertis.

« Le jour commençait à paraître. Je crus devoir me rapprocher de M. de Forbin, pour concerter ensemble les moyens d'attaquer cette flotte, et je me pressai de le joindre. Mais, ayant vu, chemin faisant, qu'il avait arboré pavillon de chasse, je mis aussitôt toutes mes voiles au vent et je chassai sur la flotte. La légèreté de mon escadre, carénée de frais, me fit devancer M. de Forbin d'environ une lieue, et je n'étais plus qu'à une bonne portée de canon de cette flotte, quand il s'avisa, au grand étonnement de tous,

M. de Forbin.

de venir en travers, et de prendre un ris dans ses huniers, par un temps où nous n'aurions pas pu porter perroquet sur perroquet. L'esprit de subordination, dont j'ai toujours été plus jaloux que qui que ce soit, me fit, contre mon gré, imiter sa manœuvre qui seule nous fit manquer l'entière destruction de cette importante flotte.

« Elle était rassemblée sous le vent de cinq gros vaisseaux anglais qui nous attendaient, rangés sur une ligne. Le vaisseau *le Cumberland*, de quatre-vingt-deux canons, qui était le commandant, s'était placé au milieu ; *le Devonshire*, de quatre-vingt-douze canons, à la tête ; et *le Royal-Oak*, de soixante-seize, à la queue. *Le Chester* et *le Ruby*, de cinquante-six à cinquante-quatre canons chacun, étaient *matelots* de l'avant et de l'arrière du commandant.

« Il nous prirent d'abord, à ce qu'ils nous ont dit depuis, pour une troupe de corsaires rassemblés, dont ils ne faisaient pas grand cas. Mais nous n'eûmes pas plutôt mis en travers, qu'ils connurent qui nous étions, à la séparation des mâts de nos vaisseaux et à la hauteur de leurs œuvres mortes.

« L'affaire leur parut sérieuse.

« Le commandant fit signal dans l'instant aux bâtiments de transport de se sauver par différentes routes ; d'où il est aisé de conclure que si nous les eussions attaqués, sans nous amuser inutilement à prendre des ris, ils étaient indubitablement perdus ; et que, par conséquent, le projet formé par les puissances alliées contre la maison de France, pour achever de conquérir l'Espagne, se serait trouvé dès lors entièrement renversé ; d'autant plus que l'archiduc et le roi de Portugal attendaient avec la plus grande impatience ce convoi que la reine d'Angleterre leur envoyait, pour les soulager un peu dans l'extrême détresse où ils se trouvaient, et surtout le premier, depuis la bataille d'Almanza qu'il avait perdue quelque temps auparavant.

« Impatienté de voir que M. de Forbin ne se pressait pas d'arriver, et réfléchissant que la journée s'avançait beaucoup, puisqu'il était près de midi, et que nous étions à la fin du mois d'octobre, je fis signal à tous les vaisseaux de mon escadre de venir me parler les uns après les autres.

« J'ordonnai à M. le chevalier de Beauharnais d'aborder *le Royal-Oak* ; à M. le chevalier de Courserac d'aborder *le Chester* ; à M. de la Moinerie-Miniac d'aborder *le Ruby* ; et, comme je me réservais *le Cumberland*, je donnai ordre à M. de la Jaille de me suivre avec *la Gloire*, et de venir me jeter une partie de son équipage, aussitôt qu'il me verrait accroché, afin de me trouver par ce renfort, plus en état de secourir les vaisseaux de mon escadre que je verrais pressés, ou

même ceux de l'escadre de M. de Forbin qui pourraient
être assez hardis pour se mesurer avec *le Devonshire*.
Mais aussi, comme il y avait de l'équité à songer un
peu aux intérêts de mes armateurs, et prévoyant que
nous trouverions assez de difficulté à soumettre les
vaisseaux de guerre pour n'être pas en état de prendre
et d'amariner les vaisseaux de transport, je chargeai
M. le chevalier de Nesmond, qui commandait la frégate *l'Amazone*, la meilleure de mon escadre, de pointer au milieu de la flotte, pourvu cependant qu'aucun
des vaisseaux du roi ne se trouvât dans le cas d'avoir
un besoin pressant de son secours.

« Ces ordres donnés, j'arrivai sur les ennemis, et faisant coucher tout mon équipage sur le pont, je donnai
mon attention à bien manœuvrer. J'essuyai d'abord,
sans tirer, la bordée du *Chester*, matelot du *Cumberland*, et ensuite celle du *Cumberland* même, qui fut des
plus vives. Je feignis, dans cet instant, de vouloir plier.
Mon adversaire donna dans le piège, et ayant voulu arriver pour me tenir sous son feu, je revins tout à coup au
vent, et, par ce mouvement, son beaupré se trouva engagé dans mes grands haubans, avant que je lui eusse
riposté d'un seul coup de canon ; en sorte que toute mon
artillerie, chargée à double mitraille, et toute ma mousqueterie l'enfilant de l'avant à l'arrière, ses ponts et ses
gaillards furent, dans un instant, jonchés de morts.

« Aussitôt, M. de la Jaille, mon fidèle compagnon d'armes, s'avança avec *la Gloire,* pour exécuter ce que je lui avais ordonné. Mais ne pouvant m'approcher que très difficilement par rapport à la position où il me trouva, il eut l'audace d'aborder *le Cumberland* même, de long en long. Il est vrai qu'il rompit son beaupré sur la poupe de mon vaisseau, dans le même moment que l'ennemi achevait de rompre le sien dans mes grands haubans.

« Alors ceux de mes gens que j'avais désignés pour sauter à l'abordage du *Cumberland* s'efforcèrent de pénétrer à son bord; mais très peu y réussirent, à cause de son beaupré rompu, qui rendait l'approche de ce vaisseau aussi difficile que dangereuse. MM. de Calandre, de Blois et du Menay, officiers de *la Gloire,* furent les premiers qui s'élancèrent dedans, à la tête de quelques vaillants hommes. Ils tuèrent et mirent en fuite ce qui restait d'Anglais sur le pont et sur les gaillards, et se rendirent maîtres du vaisseau. Alors voyant qu'ils me faisaient signe avec leurs mouchoirs, je fis cesser le feu, et j'empêchai qu'il ne sautât un plus grand nombre de mes gens à bord. Au même instant, je fis pousser au large, pour me porter sur les autres points où ma présence pourrait être de quelque utilité.

« M. le chevalier de Beauharnais, qui montait *l'A-chille,* avait abordé de son côté, avec toute l'audace possible, *le Royal-Oak ;* et ses gens s'étant présentés pour sauter à l'abordage, il était prêt de s'en rendre maître, lorsque le feu prit dans son vaisseau à des gargousses pleines de poudre. Ses ponts et ses gaillards en furent enfoncés, et plus de cent hommes y perdirent la vie. Il fit pousser au large, et fut assez heureux pour éteindre cet embrasement après bien du travail. Mais pendant ce temps-là, *le Royal-Oak*, dont le beaupré se trouvait rompu, avait profité du désordre, et s'était servi de toutes ses voiles pour gagner le large.

« M. le chevalier de Courserac, qui commandait *le Jason*, aborda aussi *le Chester*, mais ses grappins s'étant rompus, les deux vaisseaux se séparèrent.

« M. le chevalier de Nesmond, qui le suivait sur *l'Amazone*, voulut en profiter et aborder à son tour ce navire anglais. Mais n'ayant pas modéré sa course assez à temps, il le dépassa malgré lui. Alors M. de Courserac revint dessus et l'enleva à ce dernier abordage, ce qui fit prendre à M. de Nesmond le parti d'exécuter l'ordre que je lui avais donné de fondre au milieu de la flotte, où il s'empara d'un assez grand nombre de bâtiments de transport.

« *Le Maure*, commandé par M. de la Moinerie-Miniac, avait, suivant sa destination, abordé *le Ruby* ; et, dans le temps même qu'il y était accroché, M. le comte de Forbin vint, à toutes voiles, donner de son beaupré sur la poupe de cet anglais qui se rendait. M. de Forbin prétendit que c'était à lui seul qu'il s'était soumis, quoiqu'il n'eût pas jeté un seul homme à bord. Cette prétention lui fit d'autant moins d'honneur, que le témoignage des Anglais eux-mêmes ne lui fut pas favorable, et que ce brave officier général aurait pu trouver, s'il l'eût voulu, des occasions plus glorieuses d'exercer son courage.

« Aussitôt que j'eus fait pousser mon navire au large du *Cumberland*, j'examinai avec attention la face du combat, et ma première pensée fut de courir sur *le Royal-Oak*, que je voyais fuir en très mauvais état, et que j'aurais certainement enlevé d'emblée sans beaucoup de danger et sans effusion de sang. Cette action m'aurait peut-être fait plus d'honneur que le combat sanglant que je soutins contre *le Devonshire*. Je crois donc pouvoir avancer hardiment que, dans cette occasion, l'intérêt de ma gloire particulière céda à un motif plus généreux. Je vis que M. le chevalier de Tourouvres, qui commandait *le Black-Owl*, vaisseau de cinquante-quatre canons de l'escadre de M. de Forbin, osait attaquer ce *Devonshire*, qui en portait quatre-vingt-douze, et que, suivi du *Salisbury*, monté par M. Bart, il s'avançait pour l'aborder avec une intrépidité héroïque. Je remarquai même qu'il avait déjà brisé son beaupré sur la poupe de ce gros vaisseau dont le feu infiniment supérieur et l'artillerie formidable hachaient en pièces la mâture de ses adversaires.

« Touché de cet exemple de valeur, je volai au secours du brave Tourouvres, avec la résolution d'aborder de long en long *le Devonshire*. J'avais déjà prolongé ma civadière, et j'étais sur le point de l'accrocher, quand je vis sortir de sa poupe une fumée si épaisse que la crainte de me brûler avec lui me fit le combattre à portée de pistolet, jusqu'à ce que j'eusse vu ce commencement d'incendie éteint. Il me serait difficile de tracer l'affreux tableau du feu roulant de canon et de mousqueterie que j'en essuyai pendant trois quarts d'heure, attendant toujours que la fumée de sa poupe fut un peu ralentie pour l'aborder. Il me mit, dans cet état plus de trois cents hommes hors de combat.

« Enfin, désespéré de voir périr tous mes gens l'un après l'autre, je résolus à tout événement de l'accrocher, et fis pousser mon gouvernail à bord.

« Déjà nos vergues commençaient à se croiser, lorsque M. de Brugnon, l'un de mes lieutenants, qui commandait la mousqueterie et la manœuvre, vint précipitamment me faire remarquer que le feu, qui s'était développé dans la poupe du *Devonshire*, se communiquait à ses haubans et à ses voiles de l'arrière. Frappé d'un danger si pressant, je fis à l'instant changer la barre de mon gouvernail et appareiller tout ce qui me restait de voiles, détachant des officiers pour aller, sur le bout des vergues, couper en toute hâte, avec des haches, mes manœuvres embarrassées avec celles de l'ennemi.

« A peine m'en étais-je éloigné de la portée du pistolet, que le feu se communiqua de l'arrière à l'avant de ce gros vaisseau, avec tant de violence, qu'il fut consumé en moins d'un quart d'heure. Tout son équipage périt au milieu des flammes et des eaux, à l'exception de trois de ses matelots qui se trouvèrent, après l'affaire, à bord de mon vaisseau, où ils étaient passés de vergues en vergues lorsqu'ils s'aperçurent du motif qui me faisait abandonner mon abordage avec tant de précipitation. Ils m'assurèrent qu'il y avait plus de trois mille hommes dans ce vaisseau, lequel portait, outre son équipage, plus de trois cents officiers ou soldats passagers. Je n'eus pas de peine à le croire, vu la vivacité avec laquelle son canon et sa mousqueterie avaient été servis.

« Après ce sanglant combat, mon vaisseau resta tellement délabré, que je fus deux jours entiers sans pouvoir remuer. La coque, le pont, les mâts, les voiles, les manœuvres, tout était haché. Le gouvernail avait été coupé par deux boulets-barrés de trente-six livres.

« Je demeurai dans cette perplexité, ne sachant ce que les autres vaisseaux étaient devenus ; chacun d'eux avait pris le parti de se rallier ou de poursuivre les débris de cette flotte. Je savais seulement que *le Royal-Oak* s'était sauvé, ayant bien remarqué que **M.** le comte de Forbin n'avait pas jugé cette conquête digne de son attention. J'avoue que si j'eusse été capable de me repentir d'une bonne action, et si je n'avais pas en présente la pensée de l'utilité qui pouvait en revenir au roi d'Espagne, j'aurais éprouvé quelque regret d'avoir laissé échapper un beau vaisseau qui était, pour ainsi dire, en mes mains, et d'avoir été me faire hacher en pièces pour avoir la douleur de voir périr mille infortunés d'un genre de mort si affreux. Le souvenir de ce spectacle effroyable me fait encore frémir d'horreur.

« Avant de finir le récit de ce combat, je ne puis m'empêcher de parler de l'action d'un de mes contre-maîtres qui sauta le premier à bord du *Cumberland* par-dessus son beaupré rompu, et qui pénétra jusqu'à son pavillon de poupe pour le renverser. Il était occupé à en couper la drisse quand il vit quatre soldats anglais, qui s'étaient tenus ventre à terre, se relever et accourir sur lui le sabre haut. Dans ce péril imprévu, il conserva assez de jugement pour jeter à la mer le pavillon anglais, et pour s'y lancer ensuite lui-même. Il eut aussi la présence d'esprit de ressaisir le pavillon dans l'eau, et de gagner à la nage une chaloupe que *le Cumberland* traînait à la remorque. Il en coupa le câblot, et se servant d'une voile qu'il trouva dedans, il arriva, vent arrière et se rendit dans cet équipage à bord de *l'Achille*, qui était resté en travers sous le vent, pour se rétablir du désordre où son abordage l'avait mis. Le pavillon dont je parle ici fut porté dans l'église de Notre-Dame à Paris, avec ceux des autres vaisseaux de guerre anglais ; et, sur le compte que je rendis de cette action à M. le comte de Pontchartrain, le roi, sur son rapport, voulut la récompenser d'une médaille d'or et faire maître d'équipage ce vaillant homme. Il s'appelait Honorat Toscan, et naviguait en 1712, en sa qualité de maître, avec M. le chevalier de Fougeray, lorsqu'il fut pris par le *South-Seas-Castle*. Les matelots et soldats anglais ayant su que c'était lui qui avait fait la belle action dont je viens de parler, lui firent essuyer mille indignités. Je n'ai voulu passer sous silence ni cette action, ni la récompense que ce brave soldat en reçut du roi. Ce grand prince n'apprenait jamais une action de valeur du moindre de ses sujets qu'il ne lui en fît connaître sa satisfaction par quelque grâce.

« Tous les vaisseaux de mon escadre et de celle de M. de Forbin arrivèrent deux jours avant moi dans la rade de Brest avec *le Cumberland*, *le Chester* et

le Ruby. Le Cumberland était mené à la remorque en
triomphe par le vaisseau de cet officier général, de la
même manière que s'il en avait été personnellement le
vainqueur.

« Outre les vaisseaux de transport dont j'ai dit que
l'Amazone s'était emparée, et qu'elle conduisit à Brest,
il y en eut plusieurs autres qui furent pris par différents corsaires, qui se trouvèrent à portée de profiter de
la déroute, et qui les firent entrer dans d'autres ports
de France.

« M. le comte de Forbin dépêcha, à son arrivée, M. le
chevalier de Tourouvres, pour porter au roi la nouvelle de ce combat. J'appris, dans la suite, que ce
dernier m'avait rendu, auprès de Sa Majesté, toute la
justice que je pouvais attendre d'un caractère aussi
généreux que le sien ; je la lui rendis aussi tout entière, quand j'eus l'honneur d'entretenir à mon tour le
roi, sur les circonstances de cette action. »

La mesquine jalousie du comte de Forbin devait
éclater plus tard d'une manière perfide. Lorsque
Duguay-Trouin, accablé d'infirmités, eut quitté la mer
pour aller achever ses jours dans la solitude et l'isole-
ment, un anonyme publia un ouvrage intitulé *Mémoires
du comte de Forbin*, chef d'escadre et chevalier de
l'ordre de Saint-Louis. Le portrait de cet officier général était gravé en tête du livre, avec la qualité

d'*amiral de Siam*. A la page 262 du tome deuxième, se trouve un récit complètement différent de celui qu'on vient de lire sur l'enlèvement des vaisseaux anglais *le Cumberland*, *le Chester* et *le Ruby*. Il y avait eu à Versailles, pendant l'hiver qui suivit la campagne de 1707, une scène des plus vives entre Duguay-Trouin et le comte de Forbin, dans le salon d'attente du ministre Pontchartrain. Jaloux de défendre la vérité et l'honneur de ses braves compagnons de gloire, Duguay-Trouin avait mérité par son énergie la reconnaissance de toute la marine. Il ne garda le silence que sur ses propres intérêts ; mais ses amis le décidèrent à faire venir de Brest un extrait des interrogatoires subis à l'amirauté, quelques jours après le combat, par les capitaines anglais des trois vaisseaux *le Cumberland*, *le Chester* et *le Ruby*. Cette pièce importante fut conservée précieusement dans les archives de la famille de Duguay-Trouin.

Il en résulte que l'affaire d'octobre 1707 s'est passée totalement à l'honneur et à la gloire de Duguay-Trouin ; et que, loin d'en avoir exagéré les circonstances, il l'a rapportée avec cette modestie et cette simplicité qui lui étaient si naturelles lorsqu'il parlait de lui-même.

Reprenons la relation de notre intrépide corsaire.

« Je reçus, dit-il, après l'affaire de 1707, une lettre très obligeante de M. de Pontchartrain, qui me témoi-

gnait la satisfaction que Sa Majesté avait de mes services, en considération desquels elle voulait bien m'accorder une pension de mille livres sur le trésor royal.
J'eus l'honneur de l'en remercier très humblement,
mais je lui demandai en grâce de faire tomber cette
pension à M. de Saint-Auban, mon capitaine en second,
qui avait eu la cuisse emportée à l'abordage du *Cumberland*, et qui avait plus besoin de pension que moi.
J'ajoutai que je me trouverais trop récompensé, si je
pouvais, par mes instantes supplications, obtenir l'avan-
cement des officiers qui m'avaient si valeureusement
secondé ; mais que si le roi me jugeait digne de quelque
grâce particulière, j'espérais de sa bonté qu'il voudrait
bien m'accorder des lettres de noblesse pour mon frère
aîné et pour moi, puisque je devais à son secours et à
ses soins tout ce que j'avais fais d'estimable, et l'honneur que j'avais d'être connu de Sa Majesté, par les
moyens qu'il m'avait procurés de servir sans discon-
tinuation.

« M. le comte de Ponchartrain trouva quelque difficulté à m'obtenir cette grâce, ou plutôt il jugea à propos de me la réserver pour récompense de quelque
nouvelle action, croyant sans doute que cet espoir me
rendrait encore plus ardent ; mais il est certain que je
n'avais pas besoin d'être aiguillonné, et que le désir
que j'avais de mériter les bontés du roi et d'être utile

à l'État était seul plus capable de m'animer que toutes
les récompenses. Aussi ne m'étais-je porté à lui demander cette grâce que par rapport aux grandes obligations
que j'avais à mon frère, dont le zèle pour le service du
roi était égal au mien. Malgré tous ces motifs, je n'insistai pas et crus devoir me rendre auprès de Sa Majesté, pour lui représenter de vive voix les services
des officiers qui s'étaient distingués sous mes ordres.
Elle eut la bonté d'en avancer plusieurs, entre autres
M. le chevalier de Beauharnais, M. le chevalier de
Courserac, M. de la Jaille, M. de Saint-Auban et
quelques autres.

« Ce fut alors qu'ayant le bonheur d'entretenir le roi
du détail de mon dernier combat, je profitai avec empressement de cette occasion pour lui faire connaître
toute la valeur de M. le chevalier de Tourouvres. Je lui
fis une peinture si vive de l'intrépidité de cet officier,
que Sa Majesté se tournant vers M. de Busca, lieutenant des gardes du corps, qui avait l'honneur de servir
auprès d'elle, lui demanda si feu Ruyter, son bon ami,
en aurait fait autant. Il répondit qu'on ne pouvait rien
ajouter au portrait que je venais de faire du mérite
et de la bravoure de M. de Tourouvres, et qu'il n'en
était pas surpris, ayant connu deux de ses frères dans
les troupes de terre de Sa Majesté, qui n'étaient pas
moins valeureux que celui-ci. M. le maréchal de Villars,

qui était aussi présent, prit la parole et ajouta des particularités de leurs services très avantageuses, et qui faisaient connaître que la valeur et la probité étaient héréditaires dans la maison de Tourouvres. Il pouvait encore y joindre la modestie; car je n'ai, de mes jours, vu de guerrier qui joignit à un si haut point cette dernière vertu à tant d'intrépidité. J'ai été bien aise de faire connaître, en rapportant tous ces détails, que l'émulation entre gens d'honneur ne les empêche point de se rendre réciproquement justice avec une satisfaction intérieure que les faux braves ne connaissent point.

« J'étais si pénétré des bontés et des distinctions dont le roi avait daigné m'honorer, et j'avais un désir si pressant de m'en rendre de plus en plus digne, que je quittai bientôt le séjour de Versailles pour aller de nouveau chercher à combattre ses ennemis. J'avais demandé et j'obtins de Sa Majesté un plus grand nombre de ses vaisseaux, que je destinais à une expédition dont je ne fis confidence à personne, parce que le succès dépendait surtout d'un profond secret. Il s'agissait d'aller saisir la flotte du Brésil. J'avais reçu avis que les ennemis avaient envoyé sept vaisseaux de guerre au-devant d'elle, et qu'ils croisaient dans les parages des îles Açores, où la flotte devait nécessairement passer pour s'y rafraîchir et y prendre escorte. Ainsi mon entreprise paraissait immanquable à cet attérage, si je pouvais armer assez à temps pour me rendre sur ces côtes avant qu'elle y fût arrivée.

« Je ne tardai donc pas à prendre congé du roi, et je me rendis en poste à Brest, où je fis diligemment équiper les vaisseaux *le Lys* et *le Saint-Michel*, chacun de soixante-quatorze canons ; *l'Achille*, de soixante-dix ; *la Dauphine*, de cinquante-six ; *le Jason*, de cinquante-quatre ; *la Gloire*, de quarante ; *l'Amazone*, de trente-six, et *l'Astrée* de vingt-deux.

« Ces vaisseaux furent montés par M. de Géraldin, M. le chevalier de Courserac, M. le chevalier de Nesmond, M. le chevalier de Goyon, M. de Miniac, M. de Courserac l'aîné, M. de la Jaille et M. de Kuerguelin. Presque tous ces officiers avaient déjà servi sous mes ordres avec distinction.

« Je joignis à cette escadre une corvette de structure anglaise, armée de huit canons, pour me servir d'éclaireur. Je la confiai à un jeune homme de mes parents ; et j'engageai une autre frégate de Saint-Malo, de trente canons, nommée *le Desmaretz*, à venir me joindre dans la rade.

« Nous mîmes à la voile, et nous fûmes nous placer à la hauteur de Lisbonne. Le capitaine d'un bâtiment suédois, qui en sortait, me confirma ce que j'avais appris de la flotte du Brésil, et me dit que les sept vaisseaux d'escorte que le roi de Portugal envoyait au-devant d'elle étaient partis depuis deux mois, pour l'attendre aux environs des Açores.

« Nous cinglâmes de ce côté, et passant hors de la vue de ces îles, nous fûmes nous placer, vers l'ouest, à quinze lieues' d'elles, à l'endroit présumé où devait passer la flotte, pour éviter que ces sept vaisseaux de guerre portugais ou les habitants prissent connaissance de notre escadre, et n'envoyassent quelque pilote au-devant de cette flotte, pour l'avertir de nos manœuvres et lui faire prendre une autre route.

« Je détachai en même temps ma corvette anglaise pour aller faire le tour des îles et reconnaître les sept vaisseaux en question, avec ordre de bien les examiner, et de venir me rendre compte de leurs forces et des parages où ils croiseraient. Elle les trouva à l'ouest du port de Terceïra, qui couraient bord à terre et bord à la mer. Le capitaine me rapporta que cette escadre était composée de trois navires portugais, trois anglais et un hollandais ; qu'un des portugais était à trois ponts, et tous les autres depuis cinquante jusqu'à soixante-dix canons.

« Nous demeurâmes constamment près de trois mois dans ces parages, fort étonnés de ne pas voir paraître la flotte du Brésil ; et renvoyant tous les quinze jours la corvette faire le tour des îles, elle me rapportait toujours la même chose des sept vaisseaux de guerre ennemis.

« Enfin nous découvrîmes un bâtiment venant de Hount, qui faisait route pour se rendre aux îles. Nous le poursuivîmes et ne pûmes le joindre à cause d'un brouillard et de la nuit qui survint. Je ne doutai pas qu'il n'informât l'escorte ennemie de notre croisière, et que celle-ci ne se déterminât à dépêcher un courrier au-devant de la flotte marchande pour la détourner de sa route, et que, par conséquent, ce riche convoi ne s'éloignât des îles pour éviter d'être exposé à nos attaques.

« Cependant nos provisions d'eau commençaient à manquer, en sorte que nous ne pouvions demeurer plus de quinze jours à croiser sur ces parages. Cette considération me porta à assembler un conseil composé de tous les capitaines de l'escadre, auxquels je tâchai de faire concevoir la nécessité où nous étions d'aller attaquer sans différer les sept vaisseaux de guerre portugais, dans lesquels nous devions vraisemblablement trouver de l'eau et assez de vivres pour prolonger notre croisière jusqu'à l'arrivée de la flotte ; j'ajoutai que ces vaisseaux, même seuls, suffisaient pour payer l'armement, les Portugais étant dans l'usage d'avoir beaucoup de canons de fonte ; et j'insistai sur ce qu'il était presque impossible qu'ils n'eussent été informés de notre croisière par ce petit bâtiment que la nuit nous avait fait manquer. De manière que, si nous tardions encore à les aller chercher, il était indubitable que nous ne les trouverions plus, et que nous tomberions dans le cas de nous voir forcés, par la disette d'eau, à retourner en France sans avoir rien fait, et à perdre ainsi tous les frais de notre armement.

« Ce raisonnement était naturel. Mais quelque démon envieux de mon bonheur empêcha tous les capitaines de l'escadre, sans en excepter un seul, de le goûter. Ils se laissèrent aller à l'avis de M. de Géraldin, qui était d'attendre constamment la flotte sur cette croisière. Ils disaient, pour leurs raisons, que cette flotte ne pouvait manquer d'arriver incessamment, le vent étant bon pour l'amener ; qu'en attaquant les sept vaisseaux, il n'était point douteux qu'ils nous attendissent de pied ferme, étant pour le moins aussi forts que nous. Que le sort des armes était incertain ; que, supposant même que nous les réduisissions, cela ne pourrait se faire sans que plusieurs de nos vaisseaux se trouvassent désemparés et peut-être hors d'état de tenir la mer ; enfin, qu'au pis aller, nous serions toujours à portée de les attaquer. Ils ajoutaient que mes armateurs auraient lieu de me reprocher d'avoir préféré, dans cette occasion, ma gloire particulière à leurs intérêts. Enfin ils m'ébranlèrent de telle façon que, pour ne pas paraître obstiné dans mes sentiments, je crus devoir leur accorder quelques jours. Mais cette condescendance ne m'empêchait pas de sentir que je m'exposais, par leur conseil, à un malheur sans remède. C'est le seul conseil que j'aie eu de ma vie, pour savoir s'il était à propos de combattre, et, si j'en suis le maître, ce sera le dernier.

« Cependant je leur laissai un ordre de combat, dans lequel étaient désignés les vaisseaux que chaque capitaine devait aborder, leur recommandant à tous de se tenir préparés, et de me suivre au premier signal que je leur ferais.

« Chaque jour que je différais d'aller aux ennemis me paraisait une année; et j'avais toujours dans l'esprit les suites malheureuses de notre retardement, que je regardais comme inévitables. Enfin, au bout de quatre jours, n'y pouvant plus tenir, je mis le signal de combat, et fis route pour les îles. Aussitôt M. de Géraldin me dépêcha un officier pour me demander encore trois jours, et les officiers de mon vaisseau qui m'étaient le plus affidés, séduits par l'attente de la riche flotte du Brésil, et par l'espoir d'un immense butin, y joignirent des prières si pressantes, que j'eus la faiblesse d'y consentir.

« Ces trois jours expirés, je fis route pour aller chercher les ennemis, et je ne les trouvai plus, ainsi que je l'avais prévu. Mon embarras devint extrême. Je ne savais si la flotte n'avait point passé à la faveur de la nuit, et si, après avoir joint les vaisseaux d'escorte, elle n'avait point continué sa route sur Lisbonne, sans s'arrêter aux îles. Pour m'en éclaircir, je résolus d'y faire une descente, et, pour cet effet, ayant passé entre les îles de Fayal, de Pico, et de Saint-Georges, je remarquai, en rangeant cette dernière, un port au fond duquel était une assez jolie ville, et quelques forts qui dominaient la plage. Cet endroit me parut très propre à l'exécution de mon dessein; et j'ordonnai un détachement de toutes nos chaloupes, chargées de sept cents soldats sous le commandement de M. le comte d'Arquien, mon capitaine en second, avec ordre de descendre à terre et de se rendre maître de la ville.

« Avant de faire partir ces chaloupes, j'avais envoyé tous nos canots faire une fausse attaque de l'autre côté, pour y attirer une partie de ces insulaires. La véritable descente se fit, et ceux des ennemis qui voulurent s'y opposer furent mis en fuite et poursuivis si chaudement, que nos troupes entrèrent presque aussitôt qu'eux dans la ville, qui était la capitale de l'île de Saint-Georges. La plupart des habitants l'avaient déjà abandonnée, les religieuses même s'étaient sauvées et avaient gagné les montagnes. Alors je fis porter à terre un grand nombre de futailles pour les remplir d'eau, et je fis en même temps enlever tout ce qui m'était nécessaire en grains et en vins, dont les magasins de cette ville regorgeaient.

« Les prisonniers portugais que l'on fit me dirent que les sept vaisseaux de guerre, ayant eu avis, par ce vaisseau que nous avions manqué, de notre croisière et de nos forces, avaient quitté ces parages depuis trois jours, et étaient retournés à Lisbonne; mais que la flotte du Brésil n'était pas encore passée, et qu'on ne savait ce qui pouvait la retarder si longtemps.

« Ce rapport me donna une lueur d'espérance qui s'évanouit bientôt. Nos vaisseaux furent pris tout à coup d'une tempête qui en mit plusieurs en danger de périr contre ces îles, et tous dans la nécessité de gagner le large. Cette tempête continua si longtemps, que j'eus beaucoup de peine à retirer mes troupes de la ville dont nous nous étions emparés, et que je me vis forcé d'abandonner nos futailles, pour faire promptement route vers les côtes d'Espagne. Mon unique espoir était de gagner le port de Vigo assez à temps pour y faire de l'eau et pour revenir attendre la flotte du Brésil à la hauteur de Lisbonne. J'y donnai rendez-vous à tous les vaisseaux de l'escadre, en cas de séparation. Mais nous fûmes si contrariés par les vents, et si pressés de la soif, que chaque vaisseau chercha à gagner le port qui lui parut le plus à sa portée. *La Dauphine, le Desmaretz* et la corvette se séparèrent les premiers de l'escadre, et retournèrent en France. *Le Saint-Michel le Jason, la Gloire* et *l'Amazone* furent à Cadix ; et pour moi, j'arrivai à Vigo avec mon seul vaisseau et *l'Achille.* »

Ainsi finit la campagne de 1708. Pendant cette première et longue période de ses glorieux services, Duguay-Trouin n'avait eu de rival que Jean Bart, dont nous avons également retracé les brillantes prouesses (1). L'armateur de Saint-Malo et le corsaire de Dunkerque résumaient en eux, sous le règne de Louis XIV, toute l'illustration de la marine française.

(1) *Jean Bart et Duquesne.* Un vol. in-8° écu. *Bibliothèque variée.* Librairie générale de vulgarisation. — Paris.

CHAPITRE V

Affaire du cap Lézard. — Le roi lui accorde des lettres de noblesse.
— Campagne sur les côtes d'Angleterre et d'Irlande. — Ruiné par les
frais de ses armements, il conçoit l'idée d'une entreprise sur le Brésil ; son projet est accepté. — Convention conclue à cet effet entre le roi,
Duguay-Trouin et les armateurs de Saint-Malo.

Les guerres continentales avaient tellement épuisé
les ressources du trésor, que Louis XIV, malgré l'é-
norme impôt qu'il percevait sur les prises, ne pouvait
subvenir aux dépenses de sa marine. La nécessité,
triomphant de l'orgueil du monarque et des mesquines
jalousies de la noblesse, avait octroyé à la riche bour-
geoisie des ports le dispendieux honneur de s'illustrer
à ses frais. Dans chaque croisière, Duguay-Trouin avait
donc deux intérêts à mettre en jeu, celui de sa gloire
et celui de ses armateurs. Mais, tandis que son nom
gagnait chaque jour un nouvel éclat, sa fortune et celle
de son frère, Trouin de la Barbinais, décroissaient à
vue d'œil, car les dépenses d'armement ou de répara-
tion engloutissaient des sommes considérables qu'il
fallait renouveler à chaque campagne ; et quand la va-

leur matérielle des captures trompait les espérances des armateurs, ceux-ci se décourageaient promptement, et alors les deux frères achevaient d'user leur patrimoine et engageaient leur crédit, en subissant pour leurs emprunts les conditions les plus onéreuses. Il est donc facile de concevoir le profond chagrin qu'éprouva René, en voyant la riche flotte du Brésil échapper au piège qu'il venait de lui tendre. Nul doute cependant que, sans le mauvais vouloir des officiers de son escadre et le retard forcé de sa manœuvre, il eût effectué son hardi projet.

Cette flotte du Brésil avait attéri aux îles Açores, huit jours après le départ de Duguay-Trouin ; et, grâce à la tempête, l'escadre française, composée d'excellents voiliers, ayant ces huit jours d'avance sur une flotte qui n'allait pas bien, n'avait pu, malgré tous ses efforts, arriver avant elle sur les côtes du Portugal ; car la plus grande partie du convoi était entrée dans le port de Lisbonne ou dans les ports voisins, à peu près dans le même temps que Duguay entrait dans celui de Vigo. Il était occupé à y faire de l'eau, lorsqu'un vaisseau de cette flotte, poussé par la tempête, vint échouer à quatre lieues, dans le port de Ponténédro, et fut pris par les Espagnols. Duguay sortit de Vigo le plus promptement possible, et fit deux petites prises de cette même flotte ; mais tout le reste était déjà rentré dans les ports.

Ainsi, son armement fut entièrement perdu, et ses vivres étant consommés, il revint désarmer à Brest, avec *le Lys* et *l'Achille*.

M. de Géraldin qui, séparé par la tempête, se trouva commandant des vaisseaux *le Saint-Michel*, *le Jason*, *la Gloire* et *l'Amazone*, étant arrivé devant Cadix, et s'y étant muni d'eau et de vivres, fit, en retournant à Brest, trois autres petites prises anglaises, qui ne payèrent pas la dépense de sa relâche.

La perte de cet armement, dans lequel les deux frères Trouin avaient risqué une bonne partie de leur petite fortune, les mit hors d'état de continuer des armements aussi considérables.

L'année suivante, 1709, René Duguay-Trouin se mit en mer avec le vaisseau *l'Achille*, et les frégates *l'Amazone*, *la Gloire* et *l'Astrée*, montées par M. le chevalier de Courserac, M. de la Jaille et M. de Kuerguelin. Il était informé qu'une flotte de soixante voiles devait bientôt sortir de Kings-Hall, sous l'escorte de trois vaisseaux de guerre anglais de soixante-dix, soixante et cinquante-quatre canons, pour se rendre en divers ports d'Angleterre.

Rouvrons ici les rapports officiels de l'illustre marin :

« J'allai, dit-il, croiser sur son passage, et je la découvris en vue du cap Lézard. La mer était trop agitée, et le vent trop fort pour hasarder un abordage. D'un autre côté, les ennemis étaient si supérieurs en artillerie, qu'il y aurait eu folie à prétendre les réduire par le canon. Cependant je considérai que pareilles occasions ne se rencontrant pas fréquemment : il fallait les saisir quand elles se présentaient ; que la fortune aidait souvent la valeur un peu téméraire, et qu'enfin le vent pourrait s'apaiser pendant l'action.

« Ces réflexions faites, je fis signal à *l'Astrée* de donner dans la flotte ; et je m'avançai avec *l'Achille*, *l'Amazone* et *la Gloire*, pour livrer le combat aux trois vaisseaux qui m'attendaient en ligne au vent de leur flotte. Je lâchai, en passant, ma bordée de canon et de mousqueterie au vaisseau de l'arrière du commandant, et poussant ma pointe, j'abordai ce dernier de long en long. L'agitation des vagues ne me permit pas de jeter un seul homme à son bord ; et même les deux vaisseaux abordés se séparèrent malgré mes précautions. Je revins jusqu'à trois fois tenter l'abordage, sans pouvoir y tenir, ni faire sauter personne de mon équipage dans ce vaisseau. Mais le feu de mon canon, de ma mousqueterie et d'un grand nombre de grenades fut exécuté si vivement, que ses ponts et ses gaillards furent couverts de morts et même abandonnés, les vergues de misaine et de petit hunier coupées ; en un mot, je le mis hors d'état de manœuvrer et de se défendre.

« Dans cet intervalle, *l'Amazone* et *la Gloire* combattaient de leur côté les deux autres vaisseaux anglais. Elles étaient trop faibles de bois pour les aborder par un si mauvais temps, sans courir un risque évident de périr. Ce combat d'ailleurs était trop désavantageux pour elles au canon. Aussi furent-elles fort maltraitées, et elles l'auraient été bien davantage, si je ne les avais secourues par intervalles, en partageant mon feu sur les vaisseaux qui les combattaient. Cette attention ne put empêcher que *la Gloire* ne demeurât tout à fait désemparée, avec perte d'un grand nombre d'hommes. M. de la Jaille, qui la commandait, vint me passer à poupe, et me pria de le couvrir, afin qu'il pût travailler à se rétablir.

« Je n'étais guère moins maltraité, ayant reçu, entre autres, un boulet qui traversait ma soute aux poudres, lesquelles commençaient à se mouiller. L'inquiétude que j'en éprouvais ne m'empêcha pas de répondre à mon camarade qu'il eût à se placer à une portée de fusil sous le vent de mon vaisseau, où il pourrait travailler en sûreté à se rétablir. En effet, les trois vaisseaux ennemis étaient battus et délabrés de façon à n'en devoir rien craindre. Comme *l'Amazone* me parut encore en assez bon état, je fis signal à M. le chevalier de Courserac, qui la montait, de donner dans la flotte. Il le fit, et amarina cinq bons vaisseaux chargés de tabac, sans que les vaisseaux de guerre ennemis osassent faire aucun mouvement pour l'en empêcher. J'étais à demi-portée de canon d'eux, avec la frégate *la Gloire*, prêt à donner dessus s'ils avaient bougé. J'eus même l'audace de faire baisser les voiles à quatorze navires marchands de leur flotte, que je plaçai entre *la Gloire* et moi, à dessein de les amariner aussitôt que nos chaloupes, criblées de coups de canon, pourraient se trouver un peu rajustées.

« Mais il survint tout à coup un si violent orage, que *la Gloire* en fut démâtée, et mon vaisseau couché le plat-bord à l'eau, en danger évident d'être abîmé, si les écoutes de mes huniers ne s'étaient pas rompues. A la faveur de cet incident, les quatorze vaisseaux que j'avais à ma disposition ne balancèrent pas à arriver vent arrière sur la côte d'Angleterre, et passèrent sous mon beaupré sans que je pusse les en empêcher. Les troix vaisseaux de guerre les imitèrent, et ce qu'il y eut de plus fâcheux, c'est que *l'Astrée*, qui, dès le commencement, avait donné dans la flotte, ayant brisé sa chaloupe en la mettant à la mer, n'avait pu, à cause de la furie des vagues, aborder une seule de plusieurs prises, qu'elle avait arrêtées. Ainsi les prises, n'étant point amarinées, profitèrent de l'orage et se sauvèrent avec les autres.

« Après ce combat, la tempête devint encore plus affreuse, et nous sépara tous. Deux de nos prises arrivèrent à Saint-Malo avec *l'Amazone* et *l'Astrée*; une autre se sauva dans Calais, et deux firent naufrage sur la côte d'Angleterre. Je fus aussi sur le point de périr, et j'eus toutes les peines du monde à gagner le port de Brest, sur la frégate *la Gloire*, avec le feu à bord.

« Après les y avoir fait raccommoder, nous retournâmes en croisière à l'entrée de la Manche ; et nous y vîmes comme la nuit se formait, un gros vaisseau qui courait vent arrière, vers les côtes d'Espagne. J'observai sa manœuvre, et réglant les miennes dessus, je le joignis à onze heures du soir. Je le conservai toute la nuit, et mis un feu en poupe, afin que *la Gloire*, qui n'allait pas si bien que mon vaisseau, ne me perdit pas de vue.

« Dès que le jour parut, je m'avançai sur ce vaisseau étranger : il arbora pavillon anglais, et ayant établi une batterie de six canons à l'arrière de sa poupe, j'en essuyai plusieurs décharges qui tuèrent quantité de mes gens et incommodèrent fort mes mâts et mes voiles, parce que fuyant toujours, et allant aussi bien que moi, je fus assez longtemps sans pouvoir le joindre à portée de pistolet. Quand il me vit prêt à l'aborder, il brassa tout d'un coup ses voiles de l'arrière, et bordant son artimon, poussa son gouvernail à venir au vent, dans la vue de mettre mon beaupré dans ses grands haubans. Attentif à sa manœuvre et à son gouvernail, je fis

J'eus peine à gagner Brest sur la frégate *la Gloire*, avec le feu à bord (page 160).

orienter mes voiles avec la même promptitude, et venant aussi tout d'un coup au vent, je l'abordai lui-même de long en long. Mes grappins furent accrochés au milieu de nos bordées de canons, de mousqueterie et de grenades, et ce vaisseau fut enlevé en moins de trois quarts d'heure. Mais par le mouvement qu'il avait fait pour mettre mon beaupré dans ses haubans, et par celui que j'avais fait moi-même pour l'éviter, il était arrivé que les deux vaisseaux, en présentant le côté au vent, avaient plié davantage, de manière que tous mes canons se trouvèrent pointés à couler bas, et mes canonniers n'ayant pas eu le temps d'en laisser tomber la culasse, tous leurs coups donnèrent dans la carène du vaisseau ennemi. Quand son pavillon fut baissé, je fis pousser au large ; et un instant après il vint passer à ma poupe, pour m'avertir qu'il allait couler bas, si je ne lui envoyais un prompt secours. Je fis mettre sur-le-champ la chaloupe à la mer, avec deux bons officiers, et un nombre suffisant de calfats et de charpentiers, pour sauver ce vaisseau qui était de soixante canons et tout neuf ; il s'appelait *le Bristol*.

« Dans ce même instant, *la Gloire* me joignit et se mit en devoir de lui envoyer aussi sa chaloupe ; mais, pendant cette occupation, survint tout à coup une escadre de quatorze vaisseaux de guerre anglais à trois lieues sur nous, avec tant de vitesse, que je n'eus pas même le temps de retirer mes gens du *Bristol* ; il fut, dans un moment, entouré d'ennemis, et coulé bas au milieu d'eux. La moitié des Français et des Anglais qui étaient dedans furent noyés ; le reste fut sauvé par les chaloupes des Anglais. M. de Sabrevois, premier lieutenant de mon vaisseau, officier de mérite, fut du nombre des malheureux ; et MM. de Cussy et de Noilles, enseignes, se sauvèrent à la nage. Outre cette perte, j'eus, dans cette action, quatre-vingts hommes hors de combat. M. de la Harteloire, fils du lieutenant général de ce nom, fut tué en se présentant des premiers à l'abordage, et il y eut encore deux autres officiers blessés grièvement.

« Du moment que j'eus connaissance de cette escadre, j'arrivai vent arrière avec *la Gloire*. Mes mâts et mes voiles étaient fort maltraités, mes deux vergues de civadière brisées, mon grand mât de hune percé de deux boulets, et mes deux basses voiles si hachées, que je fus obligé de les changer en présence des ennemis. Ils nous joignirent bientôt à portée de canon. M. de la Jaille, qui connaissait la situation où sa frégate allait le mieux, jugea à propos de prendre chasse entre les deux écoutes. La connaissance que j'avais aussi de mon vaisseau m'engagea à tenir un peu plus le vent. Notre sort fut bien différent. Tout délabré que j'étais, j'eus le bonheur d'échapper aux ennemis. Mais trois ou quatre de leurs vaisseaux les plus vites, joignirent *la Gloire*. M. de la Jaille résista jusqu'à la dernière extrémité et remplit tous ses devoirs avec sa valeur ordinaire. Il fut enfin contraint de céder à des forces supérieures.

« Le lendemain de ce combat et de cette chasse, je trouvai une frégate anglaise qui sortait de la Manche ; je m'en rendis maître, et la conduisis dans le port de Brest, où je désarmai.

« A peu près dans ce temps-là, le roi, satisfait de la continuation de mon zèle, se porta de lui-même à nous accorder, à mon frère et à moi, les lettres de noblesse les plus distinguées ; et cette grâce nous fit d'autant plus de plaisir, que nous n'osions presque plus nous y attendre. »

Louis XIV pensait avoir agi avec une munificence sans égale, en récompensant par le titre d'*écuyer*, dernier placé de tous dans l'échelle des distinctions nobiliaires, les glorieux services d'un armateur et d'un corsaire dont les efforts et le dévoûment réunis avaient procuré à la France, en quelques années, la capture de trois cent-vingt navires étrangers. Toutes ces prises avaient versé dans le trésor royal des sommes considérables ; mais le trésor ressemblait au tonneau des Danaïdes ; les ressources publiques s'écoulaient de toute part, soit dans les guerres continuelles qui satisfaisaient l'orgueil du monarque en appauvrissant nos provinces, soit par mille canaux souterrains dont l'intrigue ou la faveur possédaient les secrets. Malgré tant de victoires, la dette de l'État grossissait d'une manière déjà menaçante, et Duguay-Trouin allait aussi se voir ruiné par les taxes énormes levées sur les armateurs. Doué cependant d'un esprit chevaleresque, et d'un désintéressement qui peut paraître fabuleux à l'époque où nous vivons, cet illustre marin s'oubliait lui-même pour ne songer sans cesse qu'à de nouvelles entreprises. Ne voyant, dans la personne du roi, que la brillante représentation de la France, il vivait sous le prestige qui fascinait alors tous les regards, et reçut les lettres qui l'agrégeaient au bas bout de la noblesse, avec une effusion de reconnaissance impatiente de se traduire par des services signalés.

Bien qu'il ne fût pas courtisan, il crut de son devoir d'aller en personne remercier le roi. En partant pour Versailles, il avait chargé le chevalier de Courserac, un de ses lieutenants, d'armer en course *le Jason*, *l'Amazone* et *l'Astrée*. Ce brave capitaine se mit en campagne avec toute l'ardeur et le zèle dont il avait donné de brillantes preuves en maintes occasions à son digne chef d'escadre, et lorsque l'arrière-saison de 1709 fut trop avancée pour permettre de tenir la mer, il revint désarmer à Brest en y ramenant plusieurs prises d'une valeur considérable. Duguay-Trouin, comme il l'avouait lui-même, n'était rien moins qu'homme de cour. La vie des antichambres de Versailles et les exigences de l'étiquette déplaisaient souverainement à cette âme de feu qui n'avait d'autre culte que la gloire. Les faveurs de Louis XIV le rappelaient à de nouvelles entreprises, et dès les premiers mois de 1710, il sollicita et obtint son audience de congé.

De retour au port de Brest, il fit armer avec toute la célérité possible *le Lys*, *l'Achille*, *la Dauphine*, *le Jason* et *l'Amazone*, et porta son pavillon de chef d'escadre sur le premier de ces bâtiments. Les quatre autres furent montés par MM. le comte d'Arquien, le chevalier de Courserac, M. de Courserac l'aîné et M. de Kerguelin.

Après une longue croisière qui n'offrit pas de résultats remarquables, il s'affligeait de voir la campagne sur le point de finir sans qu'il eût rencontré quelque belle circonstance pour signaler son courage, lorsqu'il reçut l'avis, dans les premiers jours du mois de novembre, que cinq vaisseaux de commerce anglais, venant des Indes orientales, devaient aborder sur la côte d'Irlande, sous l'escorte de deux navires de guerre de soixante-dix canons. La richesse immense de cette flottille avait décidé l'amirauté d'Angleterre à expédier deux autres navires, de soixante-dix canons chacun, au-devant de sa route pour assurer sa rentrée. Duguay-Trouin mit à la voile avec ces instructions, et porta sa croisière un peu au large des côtes d'Irlande pour observer à loisir les événements qui se préparaient. C'est ici que nous aurons de nouveau recours aux Archives de la Marine pour retracer, d'après les relations autographes de notre intrépide corsaire, la suite de ses exploits.

Dans une dépêche du 19 novembre 1710, il rend compte en ces termes du résultat de cette affaire au ministre de la marine :

« Voici, Monseigneur, la seule occasion qui se soit présentée cette année d'informer Votre Grandeur de ma conduite et de notre navigation. J'ai passé, Monseigneur, les premier jours de ma croisière sur la côte d'Angleterre et sur les Sorlingues. J'y ai vu un vaisseau de guerre anglais de soixante-dix canons, mais le voisinage de la terre et l'approche de la nuit le mettaient en sûreté.

« Je me suis ensuite approché de la côte d'Irlande pour croiser au-devant des flottes ennemies et des vaisseaux des grandes-Indes, que je sais que l'on attend en Angleterre, me réglant sur les vents pour tenir le large ou m'approcher de terre, depuis le quarante-neuf jusqu'aux cinquante et un degrés de latitude nord, et cela sans avoir vu aucun vaisseau ennemi jusqu'au

6 novembre, qu'ayant eu connaissance d'un navire de
guerre, le hasard voulut que je le joignisse le premier
et que je m'en rendisse maître après une heure et demie
de combat, avant que mes camarades, qui forçaient
de voiles, eussent pu nous joindre. Ce vaisseau se
nomme *le Glocester*, monté de soixante canons, percé
à soixante-six, et armé de cinq cents hommes d'équipage. Mais, selon les apparences, il avait pris une
augmentation de monde pour donner aux vaisseaux des
Grandes-Indes, au-devant desquels ce vaisseau devait
croiser avec un autre de la même force dont il s'était
depuis peu séparé en donnant chasse. Voilà ce que
j'en ai pu juger par le rapport des prisonniers que j'ai
fait exactement interroger.

« La prise de ce vaisseau, Monseigneur, dont les
mâts et les vergues étaient percés de coups de canon,
m'a jeté dans un grand embarras, à cause surtout de
la quantité de prisonniers qui me consommaient mes
vivres. D'ailleurs je me trouvais dans la nécessité, de
m'affaiblir en le renvoyant en France sous l'escorte
d'un vaisseau de force. Cependant, dans l'attente prochaine de quelque heureuse aventure, j'ai voulu le
conserver quelques jours, afin de le mettre en état de
naviguer, et en même temps je me suis approché de
la côte d'Irlande, pour me délivrer d'une partie des
prisonniers, en envoyant, comme je l'ai fait, le brûlot

les porter à terre, et pour m'informer également des nouvelles qui se pourraient recueillir.

« Dans cet intervalle, Monseigneur, le vaisseau *le Jason*, auquel j'avais donné ordre de serrer la terre, se trouva, à la pointe du jour, près d'un navire de guerre anglais de soixante canons qu'il combattit, avec beaucoup de valeur et de résolution, pendant une heure et demie. Mais n'ayant pu le joindre d'assez près pour l'aborder, et le calme étant survenu, il ne put empêcher que ce vaisseau ne gagnât la terre et ne se sauvât entre des roches à l'aide de plusieurs chaloupes de terre qui le prirent à la remorque.

« Après cette aventure, Monseigneur, j'ai jugé à propos de me tenir un peu plus au large, tant pour guetter les escadres supérieures qui ne manqueront pas de me venir chercher, que pour être en état de tirer un meilleur parti des flottes que nous pourrons rencontrer.

« Comme je pouvais, Monseigneur, conserver encore longtemps le vaisseau *le Glocester*, et que je serais forcé de lui donner escorte et de le renvoyer incessamment, peut-être même à la première chasse que je donnerai, je suis bien aise de mettre, par précaution, cette lettre dedans pour vous rendre compte de ma navigation. La prise de ce bâtiment nous a mis vingt-cinq à trente hommes hors de combat. Le sieur de la Poterie, garde de la marine, y a été tué. Le sieur de Nogent, à qui j'ai donné le commandement de la prise, et tous mes officiers ont fait des merveilles de zèle et de bravoure dans cette action. Tout l'honneur leur en est dû ; car je suis actuellement si faible, par un flux de sang continuel dont je suis accablé depuis le premier jour de mon départ, que je ne leur ai pas été d'un grand secours. Je pourrais même dire que, si je n'avais pas préféré mon devoir à la conservation de ma vie, il y a long-temps que j'aurais dû être de retour en France ; mais, quelque chose qu'il en puisse arriver, je n'abandon-nerai point une escadre que le roi m'a bien voulu con-fier ; et il faut espérer que quelques meilleurs avan-tages récompenseront mes travaux et mon zèle.

« Vous savez, Monseigneur, qu'après avoir été aban-donnés de la meilleure partie de nos interessés, mon frère et moi, nous avons engagé ce qui nous restait de biens pour acheter mon armement et me mettre en état de rendre quelques bons services. Permettez-nous d'espérer que, si la fortune ne seconde pas notre bonne volonté, l'honneur de votre protection et les bontés du roi suppléeront à ce défaut. J'ose ici supplier très humblement Sa Majesté de vouloir bien se ressou-venir de mes officiers. Il y en a plusieurs qui se sont déjà trouvés dans plus d'un combat avec moi, comme MM. de Brignon, de Barilly, Duvigny et Chéridan, enseignes, et les sieurs Déchelle et Martonne, gardes de la marine. Tous les autres, Monseigneur, ont également témoigné toute la valeur possible dans cette dernière action, et je ne saurais vous rendre particulièrement de trop bons témoignages de M. de Nogent, qui me sert de capitaine en second, dont la valeur et le mérite sont soutenus d'une régularité et d'une application sans exemple. Je ne pourrai, Monseigneur, tenir la mer plus de quinze à vingt jours; ainsi il reste peu d'espoir pour la réussite fructueuse de mon armement. Je vois que tout m'est contraire, et je suis à la veille de n'avoir pour tout bien que la satisfaction d'avoir rempli tous les devoirs d'un bon sujet et d'avoir tout sacrifié pour vous plaire... »

« Peu de jours après la prise du *Glocester*, ajoute Duguay-Trouin dans une autre relation que nous avons sous les yeux, je rencontrai son camarade que je poursuivis chaudement et qui se sauva à la faveur de la nuit. Ce début me faisait espérer que la riche flottille des Indes ne m'échapperait pas ; mais j'eus le malheur d'être repris des atteintes d'une violente dysenterie qui me réduisit à l'extrémité. Pour comble d'infortune, nous essuyâmes, pendant quinze jours, un brouillard si épais que tous les vaisseaux de mon escadre, ne se voyant plus, étaient obligés de se conserver par des signaux continuels de canon, de fusil, de cloche et de tambours. Les vaisseaux des Indes furent assez heureux pour passer justement dans ce temps-là ; de sorte que nous n'en eûmes aucune connaissance. Le pressentiment que j'avais de ce fâcheux incident me tourmentait encore plus que mon mal. Dès que ce malheureux brouillard fut dissipé, je courus à toutes voiles sur la côte d'Irlande, et j'arrivai précisément à la vue du cap de Clare le même jour que la flottille des Indes orientales atterrait à cette côte. Nous découvrîmes ces cinq navires, du haut de nos planchers de vigie, au moment où ils entraient dans les ports de Corck et de Kings-Hall. Il était même resté, de l'arrière d'eux, un vaisseau de guerre de trente-six canons que *le Jason* approcha jusqu'à portée d'artillerie ; il lui tira plusieurs bordées, mais sans pouvoir l'empêcher de se réfugier parmi des écueils qui nous étaient inconnus, et de pénétrer au fond d'un port dont l'entrée paraissait très dangereuse. Une si longue série de contre-temps nous ayant fait manquer d'une manière irréparable cette magnifique occasion de capture, le reste de la campagne s'écoula dans la même nullité de résultats. Je fis seulement une prise, chargée de tabac, et mes vivres se trouvant épuisés, j'allai désarmer à Brest. On m'y débarqua presque mourant, et je fus très longtemps à pouvoir me rétablir. »

On va voir que, grâce aux prodigalités de Louis XIV,

l'épuisement des finances était tel que Duguay-Trouin ni ses armateurs n'avaient rien reçu de ses différentes prises, et qu'il lui était dû, en outre, personnellement, deux années d'appointements. Dans ce dénûment, Duguay-Trouin proposa au ministre de la marine d'armer trois vaisseaux et d'aller faire la course aux grandes Indes. Mais son projet ne devait pas être adopté, et la cour de Versailles résolut à sa place l'expédition de Rio-Janeiro.

Le 23 décembre 1710, il écrivait au ministre : « J'ai reçu la lettre que Votre Grandeur m'a fait l'honneur de m'écrire le 18 de ce mois. C'est une consolation bien grande pour moi de voir que, malgré mon malheur, vous soyez satisfait de ma conduite. Il est vrai aussi, Monseigneur, que j'ai rempli mon devoir dans toute son étendue, et que, pour profiter du retour des flottes et des vaisseaux des grandes Indes, il ne m'était pas possible de garder de meilleurs passages, ni de prendre aucun autre parti plus avantageux. Les vaisseaux des Indes, Monseigneur, ont attéré au cap de Clare, avec quatre autres bâtiments de commerce richement chargés et deux navires de guerre, vingt-quatre heures avant que nous y fussions arrivés pour mettre nos prisonniers à terre ; en sorte qu'il faut nécessairement qu'ils aient passé au milieu de nous à la faveur de la nuit, et que Dieu ait fait une espèce de miracle pour les sauver d'une capture certaine ; car il est sûr qu'il ne s'en serait pas échappé un seul, si nous avions eu connaissance en temps utile, et j'aurais eu l'honneur et la satisfaction d'amener en France pour douze ou quinze millions de prises, qui n'auraient pas peu contribué à remettre le port de Brest sur un bon pied, et à faire subsister un nombre infini de malheureux qui meurent de faim. J'aurais même été en état de remettre à la mer avec tout ce que le roi aurait pu m'accorder de vaisseaux, et avec lesquels je n'aurais pas donné peu d'inquiétude aux ennemis de Sa Majesté.

« Mais notre malheur est tel, que, quoique la flotte des Barbades, d'environ cent soixante voiles, ait été dispersée et soit revenue par pelotons dans les ports d'Irlande et d'Angleterre, nous n'avons eu connaissance de pas un seul de ses navires ; ce qui me paraît d'autant plus extraordinaire que nous découvrions plus de trente lieues en latitude, par la disposition que j'avais donnée aux vaisseaux de mon escadre. Je n'ai pu m'empêcher, Monseigneur, de vous faire part des tristes réflexions que je faisais sur tout cela au milieu de ma maladie, dont le cours ne s'arrête point. Nous nous voyons aujourd'hui, mon frère et moi, sans biens : et, quoique la plus noire envie ne puisse trouver à redire à ma conduite, on ne trouve guère de gens qui veuillent suivre la fortune d'un honnête homme quand il est malheureux. Vous n'ignorez pas, Monseigneur, que plusieurs de mes intéressés m'avaient déjà abandonné, et que nous avons été par là chargés de quatre-vingt mille livres d'intérêts dans mon dernier armement. Ainsi, à moins que Votre Grandeur ne procure quelque grâce à mes armateurs, je ne trouverai pas de quoi mettre un seul vaisseau à la mer. Je sais que le roi est moins en état que jamais de payer des dédommagements. Cependant, comme il pourrait être dû quelque chose de reste à Sa Majesté par mes armateurs, pour le cinquième des prises, déduction faite de leurs avances et du prix des vaisseaux et marchandises que l'on a employés à son service, si Sa Majesté avait la bonté de leur en faire remise, je suis persuadé que cela produirait un bon effet, et remettrait dans une bonne assiette l'esprit de mes intéressés qui sont, il faut bien le dire, absolument rebutés. Ce qu'il y a de bien sûr, c'est que le roi ne risquera pas une somme considérable et que son service pourra en retirer une grande utilité ; car enfin, Monseigneur, nous ne sommes plus en état, mon frère et moi, de suppléer au défaut de nos intéressés, ni même de prendre intérêt nous-mêmes, puisque je peux vous assurer, qu'après nos dettes payées, je ne crois pas qu'il nous reste pour vivre un écu au delà de mes appointements, ma pension, le revenu de ma capitainerie et quelques bribes d'héritage. J'ai honte, dans le temps présent, de vous représenter que, depuis plus de quatre ans que je suis capitaine des vaisseaux du roi, je n'ai pas reçu deux mois d'appointements; que la pension dont le roi m'a honoré, non seulement ne m'a pas été payée, mais qu'il ne m'a pas été possible de me faire mettre sur la liste que l'on présente tous les ans au roi; et qu'enfin, il m'est dû, en ce moment, deux ans de ma capitainerie, qui sont employés à payer la nouvelle taxe à laquelle on nous oblige. Qu'allons-nous devenir, Monseigneur, après avoir tout sacrifié pour le service et pour vous plaire, si vous ne nous protégez pas? Je vous avoue que ces tristes réflexions me sont plus funestes que le mal même dont je suis depuis si longtemps accablé. Je ne vois pour nous qu'une seule ressource, qui m'est venue dans l'esprit à force de travailler mon imagination, et dont j'ai l'honneur de vous rendre compte. Ce serait, Monseigneur, d'armer le vaisseau *l'Élisabeth*, avec la frégate qui me servait de brûlot, pour les joindre au *Glocester*, nouvellement pris, et nous en aller, mon frère et moi, faire avec ces trois bâtiments, la course dans les Grandes-Indes, en ne portant que ce qui serait nécessaire pour y avoir des vivres, et rapporter quelques marchandises pour dédommager en partie cet armement, si nous étions assez malheureux pour ne pas faire de prises. Toute la difficulté serait de trouver des fonds; et c'est

pour cela, Monseigneur que je vous supplie très humblement, et avec la dernière instance, de m'obtenir
du roi quelques grâces particulières pour le débit des
marchandises que je rapporterai en France, provenant
de mes prises ou autrement, et pour affranchir mon
armement du tribut que l'on paye à la compagnie
des Indes; sans quoi il ne me sera pas permis de former une société. J'attendrai, Monseigneur, avec la
dernière impatience, vos ordres là-dessus. Ayez la
bonté de considérer que tout le bonheur ou le malheur
de notre vie dépend de la résolution que vous prendrez
sur cela, et que c'est enfin la seule ressource qui puisse
relever notre malheureux sort. J'oubliais de vous dire,
Monseigneur, que nous accepterons le vaisseau *l'Élisabeth* aux conditions de la nouvelle ordonnance, ou
bien au cinquième; Votre Grandeur en sera le maitre.
Ce vaisseau peut être remplacé aisément par *le Lys,
l'Achille* ou *la Dauphine*, et je ne jette les yeux dessus que pour mieux réussir avec trois bâtiments de
fabrique anglaise : c'est une circonstance essentielle. »

Cette proposition étant restée sans suite, Duguay-
Trouin dut s'ingénier pour découvrir quelque autre
moyen de rétablir sa fortune. Il s'arrêta à l'idée de former une entreprise sur la colonie portugaise de Rio-
Janeiro, l'une des plus riches et des plus puissantes
du Brésil.

A cette époque (1711), le roi de Portugal venait d'envoyer une station navale composée de quatre vaisseaux de guerre de cinquante-six à soixante-quatorze canons, avec trois frégates de trente-six à quarante canons. Cette flotte portait, outre un nombreux approvisionnement de munitions de guerre et de bouche, cinq régiments formés de troupes d'élite, sous le commandement de don Gaspard d'Acosta. Rio-Janeiro paraissait donc à l'abri de toute insulte. Ces renforts avaient été expédiés après une tentative d'attaque faite par M. Du Clerc, capitaine des vaisseaux du roi, qui s'était présenté devant la ville avec cinq navires de guerre et un millier de soldats de marine. Ces forces, très insuffisantes pour l'exécution d'une pareille entreprise, avaient essuyé un revers complet ; le chef d'escadre était resté prisonnier avec six ou sept cents hommes ; le surplus de sa troupe avait péri dans un assaut.

Les lettres qui apportèrent en France la nouvelle de ce désastre disaient que les Portugais, impitoyables après leur victoire, exerçaient sur nos malheureux prisonniers les traitements les plus cruels ; qu'il les faisaient mourir de misère et de faim dans les cachots, et que M. Du Clerc lui-même avait été lâchement assassiné, au mépris de la capitulation et de la foi jurée. Toutes ces tristes circonstances, jointes à l'espoir d'un

immense butin, et surtout à l'honneur qu'on pouvait
acquérir dans une entreprise qui semblait si difficile à
réaliser, firent naître dans le cœur de Duguay-Trouin
le désir d'aller porter la gloire de nos armes jusque
dans ces climats lointains, et d'y punir l'atroce conduite
des Portugais par la destruction complète de leur plus
florissante colonie. Il s'adressa, pour la réussite de
ce dessein, à trois de ses plus intimes amis, qui, de
tout temps l'avaient aidé de leur crédit dans ses précédentes expéditions, C'était M. de Coulanges, maître-
d'hôtel ordinaire de Louis XIV, et contrôleur-général
de la maison du roi; et MM. de Beauvais et de la
Sande-le-Fer, riche armateur de Saint-Malo, qui jouis-
saient d'une grande considération. Duguay-Trouin leur
déroula son plan, et les engagea à prendre à leur compte
la direction des armements nécessaires. Mais l'importance et l'étendue d'une pareille expédition réclamant
des mises de fonds fort onéreuses, les quatre associés se
virent obligés de recourir à l'appui de trois négociants
de Saint-Malo, MM. de Belle-Isle-Pépin, de l'Epine-
Danican, et Chapdelaine. Cette adjonction portait à sept
le nombre des sociétaires-directeurs de l'entreprise.
Duguay-Trouin mit sous leurs yeux un état des vaisseaux, des officiers, des matelots, des troupes de débarquement et de tous les approvisionnements de
guerre et de bouche dont il fallait, de toute nécessité,

se pourvoir. L'évaluation totale de ces frais divers
non compris les salaires payables au retour de la campagne, s'élevait à plus de douze cent mille livres.

M. de Coulanges unit, à Versailles, tous ses efforts,
à ceux de Duguay-Trouin, afin d'obtenir du ministre
de la marine tous les secours possibles en faveur de
l'entreprise. Ils eurent besoin d'une patience à l'épreuve
et d'une grande dextérité, pour combattre et pour surmonter les obstacles qui s'opposaient au succès de
leurs démarches. A la fin, M. de Coulanges réussit,
et le comte de Toulouse, amiral de France, prit lui-
même un assez vif intérèt à l'armement projeté; en
sorte que sur le rapport que ce prince et M. de Pontchartrain appuyèrent auprès de Louis XIV, ce monarque, qui avait le désir de frapper dans les Portugais
une puissance alliée à l'Angleterre, notre perpétuelle
ennemie, signa l'autorisation demandée par les armateurs malouins, et décida que les troupes et les navires
de la marine royale prendraient part à l'entreprise. Le
secrétaire d'État rédigea, par son ordre, une ordonnance réglant les conditions faites aux armateurs. Cette
pièce, conservée dans les archives de la Marine, est
un document précieux, qui indique de quelle manière
le gouvernement traitait de compte à demi avec les
corsaires nationaux. Elle est ainsi conçue :

I

Sa Majesté accorde au sieur René Duguay-Trouin, écuyer, capitaine de vaisseau, autorisé à armer en course contre le Portugal, les vaisseaux : *le Lys, le Magnanime, le Glorieux, le Brillant, le Fidèle, le Mars, le Black-Owl;* les frégates *l'Amazone, l'Argonaute, l'Aigle, l'Astrée;* plus une corvette, deux galiotes à bombes et une flûte.

II

Sa Majesté lui fera remettre tous ces bâtiments carénés et en bon état, avec leurs garnitures, rechanges, agrès et apparaux, canons, armes et munitions nécessaires pour une campagne de neuf mois; mais si Sa Majesté n'était pas en état de faire la dépense de la main-d'œuvre, des façons d'ouvrage et journées d'ouvriers, comme aussi des marchandises et munitions nécessaires pour cet armement qui ne se trouveront pas dans les magasins, ledit sieur Duguay-Trouin sera tenu d'en faire toute la dépense, dont il fera dresser et arrêter les états par les intendants et cóntrôleurs de la marine.

III

Sa Majesté fera lever les officiers, mariniers et matelots nécessaires pour les équipages de ces vaisseaux, par les commissaires de la marine et aux classes, comme il se pratique pour l'armement des deux vaisseaux de Sa Majesté, et aux mêmes soldes et gages, que ledit sieur Duguay-Trouin payera, aussi bien que les frais de levées, la conduite et demi-solde, et l'armement et désarmement.

IV

Les officiers, mariniers, matelots et soldats qui seront embarqués sur ces vaisseaux et qui en déserteront seront livrés aux conseils de guerre, et jugés suivant la rigueur des ordonnances, comme s'ils servaient sur les vaisseaux armés pour le compte et le service de Sa Majesté, et ce, conformément à l'ordonnance qui a été ci-devant rendue en faveur des armateurs dudit sieur Duguay-Trouin.

V

Sa Majesté accordera les officiers qui seront proposés par ledit sieur Duguay-Trouin, et qui conviendront pour commander et servir sur ces vaisseaux. Ces officiers seront payés de leurs appointements pendant qu'ils y serviront, comme s'ils étaient dans le port; mais ledit sieur Duguay-Trouin payera leur table, et le surplus de leurs appointements, jusqu'à concurrence du chiffre de la solde sur le pied de guerre.

VI

Sa Majesté voudra bien cependant agréer pour commander trois de ses vaisseaux, trois sujets civils dont la valeur, l'expérience et la capacité seront connus, qui seront proposés par ledit sieur Duguay-Trouin, et Sa Majesté leur accordera un rang dans la marine *pendant la campagne seulement*.

VII

Sa Majesté donnera audit sieur Duguay-Trouin le nombre de gardes de la marine dont il aura besoin, et ils seront payés de leur solde, pendant la campagne, comme s'ils avaient été présents dans le port, outre le supplément qu'ils recevront du sieur Duguay.

VIII

Sa Majesté lui donnera aussi deux mille soldats pour les équipages de ces vaisseaux. Leur solde sera payée par Sa Majesté comme s'ils étaient dans le port ; mais ledit sieur Duguay-Trouin payera leur nourriture et celle des officiers, mariniers et matelots, et de tous les gens qui composeront les équipages de ces vaisseaux.

IX

Ledit sieur Duguay-Trouin et ses armateurs payeront, sur les profits de l'armement, trente livres pour chaque soldat qui mourra, sera tué ou désertera pendant la campagne ; mais, en cas de non-profits, ils seront déchargés de faire ce payement.

X

Ledit sieur Duguay-Trouin fera embarquer la quantité de vivres, rafraîchissements et médicaments nécessaires pendant la campagne ; la visite en sera faite par les officiers des vivres et des hôpitaux, pour connaître s'ils sont des quantités et qualités requises ; et la distribution en sera faite sur ces vaisseaux, conformément à l'ordonnance de Sa Majesté.

XI

Il sera établi sur chacun de ces vaisseaux, frégates ou autres bâtiments, un écrivain pour veiller aux consommations des agrès et apparaux, à la distribution des vivres, poser les sceaux sur les prises, et tenir les rôles exacts des équipages, ainsi qu'il se pratique sur les vaisseaux armés pour le compte de Sa Majesté. Ces écrivains auront même part, dans les prises qui seront faites, que les enseignes ; leurs appointements leur seront payés dans le port, et ils seront seulement nourris par les armateurs.

XII

Le cinquième du produit net des prises que ces vaisseaux feront, déduction faite du dixième de M. l'amiral, des dépenses faites pour l'armement et le désarmement, des frais de justice, de magasinage et autres, de quelque nature qu'ils soient (y compris même la somme de cent vingt mille livres que ledit sieur Duguay-Trouin et ses armateurs se sont engagés d'avancer pour la dépense des munitions et marchandises qui ne se trouveront pas dans les magasins et celles de la main-d'œuvre et journées d'ouvriers), appartiendra à Sa Majesté, qui veut bien ne le recevoir que sur les profits clairs, en considération des avances que ledit sieur Duguay-Trouin et ses armateurs seront obligés de faire pour mettre ses vaisseaux en état d'aller à la mer. Sur lequel *cinquième* Sa Majesté voudra bien tenir compte à ces armateurs du surplus de ce qu'ils auront avancé au delà de cette somme de cent vingt mille livres pour ces munitions, main-d'œuvre et journées d'ouvriers, suivant les états qui en auront été arrêtés ; mais les avances qui seront faites par ces armateurs pour cette destination seront en pure perte pour eux, s'il arrivait que ces vaisseaux ne fissent aucune prise.

XIII

Les officiers et équipages de ces vaisseaux auront la dixième partie de ce produit net, après que le cinquième de

Sa Majesté aura été déduit, si ce produit monte à un million ou au-dessous ; et, s'il excède le million, ils auront, outre le dixième de ce premier million, le trentième de l'excédent, à quelque somme qu'il puisse monter ; bien entendu qu'ils ne feront aucun pillage ; voulant Sa Majesté que ceux qui s'en trouveront saisis, ou qui en seront convaincus, soient déchus de cette grâce, et punis, en outre, suivant la rigueur des ordonnances, et que ceux qui les découvriront aient la moitié de ce qui leur serait revenu.

XIV

Sa Majesté ne lèvera aucun cinquième sur les vaisseaux de guerre qui seront pris par ledit Duguay-Trouin, conformément à l'ordonnance rendus en faveur des armateurs dudit sieur Duguay, le 25 mai 1705.

XV

S'il arrivait, par malheur, que lesdits vaisseaux vinssent à être pris par les ennemis, ou perdus par aventure de mer, ledit sieur Duguay-Trouin ni les armateurs ne pourront en être recherchés ou inquiétés, et ils en seront entièrement déchargés envers Sa Majesté, laquelle supportera la consommation de tous les agrès, apparaux et munitions de guerre pendant la campagne ; sans que Sa Majesté puisse en prétendre le remboursement ; mais il ne sera pas permis audit sieur Duguay-Trouin de laisser lesdits vaisseaux dégradés dans les pays étrangers, à moins qu'il n'y soit forcé par des accidents imprévus ; auxquels cas, il sera obligé de rapporter des procès-verbaux en bonne forme pour sa décharge.

XVI

Sa Majesté laissera audit sieur Duguay-Trouin et à ses armateurs l'entière disposition des vaisseaux de cet armement pour être employés à leur destination. Elle a annulé tous les traités particuliers qui pourraient être faits par les intendants des ports pour l'armement des navires dénommés ci-dessus.

Fait à Versailles, le 19 mars 1711. Signé LOUIS, et plus bas : *Par le roi*, Phelipeaux.

CHAPITRE VI

Campagne du Brésil. — Mémoire justificatif de sa conduite. — Il est nommé chef d'escadre titulaire. — Il fait partie du Conseil de la Compagnie des Indes. — Il est nommé commandeur de Saint-Louis, puis lieutenant général des armées navales. — Campagne du Levant. — Sa mort. — Son portrait.

Muni de l'ordonnance royale, Duguay-Trouin voyait tous ses vœux comblés. Il faut encore nous reporter à sa relation manuscrite, en date du 6 février 1712, également déposée dans les Archives de la Marine.

« Aussitôt que le bon vouloir du roi nous fut officiellement connu, nous nous rendîmes à Brest, mon frère et moi, et nous y fîmes diligemment équiper les vaisseaux *le Lys* et *le Magnanime* de soixante-quatorze canons chacun ; *le Brillant*, *l'Achille* et *le Glorieux*, tous trois de soixante-six canons ; la frégate *l'Argonaute*, de quarante-six canons ; *l'Amazone* et *la Bellone*, autres frégates de trente-six canons chacune ; celle-ci fut équipée en galiote à bombes avec deux gros mortiers ; *l'Astrée*, de vingt-deux canons, et *la Concorde*, de vingt.

Cette dernière était un vaisseau de charge, du port de quatre cents tonneaux, et devait servir de dépôt de ravitaillement pour les besoins de toute l'escadre ; on l'avait principalement chargée de futailles remplies d'eau.

« Je choisis, pour monter les vaisseaux, M. le chevalier de Goyon, M. le chevalier de Courserac, M. le chevalier de Beaune, M. de la Jaille, et M. le chevalier de Bois de la Motte. M. de Kerguelin monta la frégate *l'Amazone*, et les trois autres furent confiées à MM. de Chenaie-le-Fer, de Rogon et de Pradel-Daniel, tous trois de Saint-Malo, et parents des principaux directeurs de l'armement

« Je fis, en même temps, armer à Rochefort *le Fidèle*, de soixante canons, sous le commandement de M. de la Moinerie-Miniac, sous prétexte d'aller en course, comme il lui était ordinaire. *L'Aigle*, frégate de quarante canons, y fut aussi équipée, et montée par M. de la Mare-Decan, comme pour aller aux îles de l'Amérique ; et je fis préparer sous main deux *traversiers* de la Rochelle, équipés en galiotes, avec chacun deux mortiers.

« Le vaisseau *le Mars*, de cinquante-six canons, fut pareillement armé à Dunkerque, et monté par M. de la Cité-Danican, sous prétexte d'aller en course dans les mers du Nord, comme il faisait ordinairement.

« Après m'être servi, pour diriger et hâter ces divers

armements, de personnes que je faisais agir indirecte-
ment, je donnai toute mon attention à faire préparer
de bonne heure, avec tout le secret possible, les vivres,
munitions, tentes, outils, enfin tout l'attirail nécessaire
pour camper et pour former un siège. J'eus également
le soin de m'assurer d'un bon nombre d'officiers choisis
pour les mettre à la tête des troupes et pour bien armer
tous mes vaisseaux. M. de Saint-Germain, major de
la marine à Toulon, fut nommé par la cour pour servir
de major sur l'escadre, et son activité, jointe à son
intelligence, me fut d'une précieux secours pendant
toute cette expédition.

« Indépendamment de tous ces préparatifs et de
tous les navires que nous faisions armer, mon frère et
moi, nous en engageâmes deux autres, de Saint-Malo,
qui étaient relâchés aux rades de la Rochelle. C'était
le Chancelier, de quarante canons, monté par M. Da-
nican-du-Rocher, et *la Glorieuse*, de trente, commandée par M. de la Perche. Les soins que nous prîmes
pour accélérer notre prochain départ furent si vifs et
si bien ménagés, que, malgré la disette où se trouvaient les magasins de la marine royale, tous les vaisseaux de Brest et de Dunkerque furent prêts à mettre
à la voile en moins de deux mois, à compter du jour
de mon arrivée à Brest.

« J'avais eu avis qu'on travaillait en Angleterre à

mettre en mer une forte escadre ; et, ne doutant pas
que ce ne fût pour venir me bloquer dans la rade de
Brest, je changeai le dessein que j'avais formé d'y attendre le reste de mes navires, en celui de me rendre
immédiatement aux rades de la Rochelle, sans même
donner à mes vaisseaux le temps d'achever entièrement
leurs préparatifs. En effet, je mis à la voile le 3 du
mois de juin 1711, et, deux jours après, parut une
escadre de vingt vaisseaux de guerre anglais, dont
quelques-uns s'avancèrent jusque sous les batteries de
la côte et prirent deux bateaux de pêcheurs, qui les
informèrent de mon heureuse sortie. D'où il est aisé de
juger que, sans l'extrême diligence qui fut apportée
à mon armement, et sans le parti que j'avais pris d'appareiller en toute hâte, l'entreprise aurait échoué
devant des obstacles supérieurs à mes forces.

« J'arrivai le sixième dans les eaux de la Rochelle.
J'y trouvai *le Fidèle*, les deux traversiers à bombes
et les deux frégates de Saint-Malo prêtes à me suivre.
Le 9 juin, je sortis de rade avec toute mon escadre
au complet, à l'exception de la frégate *l'Aigle*, qui
avait besoin d'un soufflage pour être en état de tenir
la mer, et qu'il me fallut laisser en arrière pour cette
opération. Mais je lui laissa l'ordre de se rendre, dans
le plus bref délai possible, à Saint-Vincent, l'une des
îles du Cap Vert, que j'avais choisie pour rendez-vous,

et où je devais, suivant tous les mémoires, faire avec
facilité de l'eau et des rafraîchissements.

« Le 21, je fis une petite prise anglaise, sortant de
Lisbonne à vide, mais que je jugeai propre à servir à
la suite de l'escadre.

« Le 2 du mois de juillet, je mouillai à l'île de Saint-
Vincent, où la frégate *l'Aigle* vint me rejoindre. Je
trouvai, contre mon attente, beaucoup de difficulté à
y faire de l'eau, à cause de la brûlante sécheresse qui
régnait depuis longtemps, et peu d'apparence de m'y
pouvoir de rafraîchissements; de manière que je remis
à la voile le 6, avec le seul avantage d'avoir exercé
les troupes à terre, pour leur faire connaître le rang
et l'ordre qu'elles devaient observer en cas de descente.

« Le 11 du mois d'août, je passai la ligne, après
avoir essuyé plus d'une fois des vents contraires si
violents, que plusieurs vaisseaux en furent démâtés de
leurs mâts de hune.

« Le 19, j'eus connaissance de l'île de l'Ascension,
et, le 27, me trouvant à la hauteur de la baie de Tous-
les-Saints, j'assemblai un conseil, dans lequel je pro-
posai d'aller y prendre ou brûler ce qui se trouverait
de vaisseaux, avant de nous rendre à Rio-Janeiro. Je me
fis, pour cet effet, rendre compte de l'état des équipages et de la quantité d'eau qui restait dans chaque

Je fis une petite prise anglaise sortant de Lisbonne (page 192).

vaisseau de l'escadre; mais il s'en trouva si peu, qu'à peine suffisait-elle pour nous conduire au lieu de notre destination; en sorte que, pour ne pas s'exposer à des événements fâcheux, il fut résolu qu'on se rendrait en droiture à Rio-Janeiro.

« Le 11 septembre, on trouva fond, sans avoir cependant connaissance de terre. Je fis mes remarques là-dessus et sur la hauteur qu'on avait observée; après quoi, profitant d'un vent frais qui s'éleva à l'entrée de la nuit, je fis forcer de voiles à toute l'escadre, malgré les brumes et le mauvais temps, et me trouvai, à la petite pointe du jour, précisément à l'ouvert de Rio-Janeiro.

« Il était aisé de voir que le succès de mon entreprise dépendait absolument de ne pas donner le temps aux ennemis de se reconnaître. Ainsi, sans m'arrêter un seul moment à envoyer à bord des vaisseaux des ordres que chacun devait observer en entrant, j'ordonnai à M. le chevalier de Courserac, qui connaissait l'entrée, de se mettre à la tête de l'escadre; à MM. le chevalier de Goyon et de Beaune de marcher immédiatement après, et je les suivis moi-même, étant alors dans la situation convenable pour voir ce qui se passait de la tête à la queue et pouvoir y donner ordre. Je fis en même temps signal à MM. de la Jaille, de la Moinerie-Miniac, et ensuite à tous les autres capitaines de l'escadre de marcher les uns après les autres, suivant le rang et la force de leurs vaisseaux, ce qu'ils exécutèrent avec tant de régularité et d'ensemble, que je ne puis assez proclamer leur valeur et leur bonne conduite. Je n'en excepte pas même les maîtres des deux traversiers et de la prise anglaise, qui essuyèrent le feu de toutes les batteries sans changer de route, tant il est vrai que le bon exemple est capable de produire des effets extraordinaires.

« M. le chevalier de Courserac s'est acquis une gloire particulière dans cette action, par la bonne manœuvre qu'il a faite et la fierté avec laquelle il nous a montré le chemin.

« Ce fut dans cet ordre que nous forçâmes l'entrée de ce port, défendu par une prodigieuse quantité d'artillerie et par quatre vaisseaux de guerre commandés par Gaspard d'Acosta, amiral de la flotte que le roi de Portugal avait envoyée exprès avec des troupes pour la défense de cette place. Ces quatre vaisseaux, après une canonnade assez médiocre, nous voyant manœuvrer pour les aller aborder, coupèrent leurs câbles et furent s'échouer sous les batteries de la ville. Nous eûmes, dans cette action, environ trois cents hommes hors de combat ; et je crois que, pour en bien juger, il est nécessaire d'ajouter ici un tableau de la ituation de la ville et de la baie de Rio-Janeiro, de ses forteresses et des abords de son mouillage.

« La baie de Rio-Janeiro est fermée par un goulet beaucoup plus étroit que celui de Brest ; elle est défendue, du côté de tribord, par le fort de Sainte-Croix, garni de quarante-quatre pièces de canon de tout calibre, depuis quarante-huit livres de balles jusqu'à huit ; d'une autre batterie de dix pièces, qui est au-dessous de ce fort, et, du côté de bâbord, par le fort de Saint-Jean et deux autres batteries, où il y a quarante-huit pièces de canon qui croisent l'entrée au milieu de laquelle se trouve un îlot, ou gros rocher, qui peut avoir quatre-vingts ou cent brasses de longueur ; de sorte que les vaisseaux sont dans la nécessité de passer à portée de fusil des forts qui défendent les deux côtés de cette entrée.

« En dedans de l'entrée, à tribord, on trouve une batterie nommée Notre-Dame-du-Bon-Voyage, braquée sur une montagne de difficile accès, où il y a dix-huit pièces de canon, de dix-huit à vingt-quatre, qui se croisent avec le fort de Villegagnon, qu'on laisse à bâbord, et que couvrent vingt pièces de même calibre, dont le feu bat l'entrée de la baie.

« En avant de ce dernier fort, et en dedans de celui de Saint-Jean, s'élève une redoute nommée Saint-Théodose, de seize pièces de canon, qui bat la plage du côté de la Carrioque, au milieu de laquelle les Portugais ont encore construit une espèce de demi-lune.

« Quand on a dépassé toutes ces batteries et tous ces forts, l'on voit l'île des Chèvres, qui n'est qu'à portée de fusil de la ville, du côté du quartier des Bénédictins, où il y a un petit fort à quatre bastions avec huit pièces de canon ; et sur un plateau situé au bas de l'île, une batterie de quatre pièces qui bat du côté de la mer et se croise avec le fort de la Miséricorde.

« Il y a encore plusieurs autres batteries de l'autre côté de la rade, et dont je n'ai pu savoir le nom. Les Portugais, avertis de notre expédition, les avaient construites à la hâte sur divers points de la plage où ils supposaient que nous pourrions tenter une descente. On peut dire que jamais pays n'a été si parfaitement retranché, et que nous n'y découvrîmes pas un seul accident de terre profitable où l'ennemi n'eût remué le sol, abattu des arbres et placé de l'artillerie.

« A l'égard de la baie de Rio, on ne peut guère en trouver une plus grande ni plus commode ; le mouillage y est presque parfaitement sûr ; le vent et les coups de mer y ont rarement accès, et il y a, tout au fond, une rivière d'eau douce qui s'étend à quatorze lieues dans les terres, du côté du nord-ouest.

« La ville est bâtie le long de la mer, au milieu de trois montagnes fort élevées qui sont occupées, l'une par le quartier des Jésuites, situé à une des extrémités ;

l'autre par le quartier des Bénédictins, qui est de l'autre côté ; la troisième se nomme la Conception, et forme la résidence de l'évêque. Ces trois montagnes commandent entièrement la ville et la campagne, et sont garnies de forts et de batteries.

« Au-dessus de celle qu'occupent les Jésuites, est un fort nommé Saint-Sébastien, revêtu de murailles et entouré d'un bon fossé ; il est garni de quatorze pièces de canon et de beaucoup de pierriers. Sur la gauche de ce fort, du côté de la plaine, à mi-côté, est un autre fort nommé Saint-Jacques où il y a douze pièces de canon ; un troisième, nommé Saint-Alouzie, de huit pièces, une batterie de douze, et enfin le fort de la Miséricorde, bâti sur un rocher qui avance dans la mer, où il y a douze pièces de canon qui battent le côté de la ville et celui de la mer.

« La montagne des Bénédictins est fortifiée d'un retranchement garni de plusieurs pièces de canon qui battent du côté de l'ile des Chèvres, du côté de la montagne de la Conception et les abords de la plaine.

« La montagne de la Conception est retranchée, de la campagne par un fossé, une haie vive derrière, et des pièces de canon de distance en distance, qui en occupent tout le front.

« La ville est fortifiée par des redans et des batteries échelonnées dont les feux se croisent. Du côté de la plaine, elle est défendue par un camp retranché qu'entoure un bon fossé plein d'eau, et en dedans duquel il y a deux places d'armes qui peuvent contenir quinze cents hommes en bataille, plusieurs pièces de canon et des maisons crénelées de toute part. C'était le lieu où les ennemis tenaient une partie de leurs forces. Ils avaient une armée de douze à treize mille hommes, parmi lesquels un tiers environ avait servi en Espagne et s'était trouvé à la bataille d'Almanza; le surplus était composé de nègres.

« Surpris de trouver cette place en si bon état d'armement, je m'informai de ce qui pouvait avoir donné lieu à ces préparatifs de défense. J'appris que la reine d'Angleterre avait envoyé un paquebot à Lisbonne, pour donner avis au gouvernement portugais que l'escadre du roi que j'avais l'honneur de commander était destinée à l'attaque de Rio-Janeiro. Comme il ne se trouvait point, dans ce temps-là, de bâtiments armés pour aller porter cette nouvelle au Brésil, le roi du Portugal y avait dépêché ce même paquebot, qui était arrivé quinze jours avant nous; et c'est ce qui avait donné lieu au gouverneur de Rio de travailler avec tant de diligence à faire faire des retranchements et établir des batteries, dans tous les endroits où il jugea que nous pourrions diriger nos opérations.

« Toute la journée s'étant passée à forcer l'entrée de

la baie, je fis avancer la galiote et les traversiers, et je détachai, le 13, à la pointe du jour, M. le chevalier de Goyon, avec cinq cents soldats d'élite, pour s'emparer de l'île des Chèvres. Il exécuta mes ordres avec toute la rapidité désirable, et chassa les ennemis de cette position si brusquement et avec une telle vigueur qu'à peine eurent-ils le temps d'enclouer leurs canons. Ils coulèrent, en se retirant, deux de leurs plus gros vaisseaux marchands, entre les batteries des Bénédictins et l'île des Chèvres, et firent sauter en l'air deux de leurs vaisseaux de guerre, échoués sous le fort de la Miséricorde. Mais comme ils voulaient en faire autant d'un troisième, échoué à la pointe de l'île des Chèvres, M. le chevalier de Goyon y envoya deux chaloupes, commandées par MM. de Vauréal et de Saint-Osman, qui, malgré tout le canon de la place, s'en rendirent les maîtres, y arborèrent le pavillon du roi, mais ne purent cependant le mettre à flot, parce qu'il se trouva plein d'eau, par suite de nombreuses décharges d'artillerie dont il était criblé.

« M. le chevalier de Goyon m'envoya aussitôt rendre compte de la situation avantageuse de l'île des Chèvres. Je fus visiter ce poste, et l'ayant trouvé tel qu'il me l'avait marqué, j'ordonnai à MM. de la Ruffinière et Estiot, officiers d'artillerie, et à M. de Kerguelin, capitaine de brûlot, d'y établir des batteries de mortiers et de canons. M. de Saint-Simon, lieutenant de vaisseau, fut chargé du soin de faire soutenir les travailleurs par un corps de troupes que je lui laissai. Les uns et les autres remplirent leurs devoirs avec tout le zèle et toute la fermeté que je pouvais souhaiter, en demeurant exposés à un feu continuel de canon et de mousqueterie.

« Cependant la plupart des vaisseaux de l'escadre manquant d'eau, il était absolument nécessaire de s'assurer de l'aiguade et de faire descente à terre, pour couper, s'il était possible, la retraite aux ennemis, et les empêcher d'emporter leurs richesses dans les montagnes, J'ordonnai, pour cet effet, à **M.** le chevalier de Baume de prendre le commandement des frégates *l'Amazone*, *l'Aigle*, *l'Astrée* et *la Concorde*, dans lesquelles je fis embarquer une partie des troupes, le chargeant de s'emparer la nuit de quatre vaisseaux marchands mouillés près l'endroit où je comptais faire ma descente, et d'y établir un entrepôt pour les troupes, ce qu'il exécuta avec beaucoup de régularité et de conduite ; en sorte que, le lendemain, notre débarquement s'effectua avec d'autant plus de sûreté que j'en avais dérobé la connaissance aux ennemis, par d'autres mouvements qui attirèrent toute leur attention.

« Le 14 septembre, toutes mes forces étant débarquées, au nombre de deux mille cent cinquante soldats et six cents matelots armés, j'envoyai MM. de Goyon

et de Courserac s'emparer des deux hauteurs d'où l'on
découvrait tout ce qui se passait dans la ville. Le sieur
d'Auberville, capitaine de grenadiers de la brigade de
M. de Goyon, chassa quelques troupes portugaises
d'un bois où elle s'étaient embusquées pour nous
observer; après quoi, les troupes se campèrent dans
cette disposition : l'aile droite, commandée par M. le
chevalier de Goyon, occupa la hauteur qui regardait la
place; l'aile gauche, dirigée par le chevalier de Courserac, prit position à l'opposite; et le corps de bataille,
aux ordres du chevalier de Beaune, fut placé au milieu,
aussi bien que le quartier-général, afin d'être à portée
de se soutenir les uns les autres, et d'être maîtres du
bord de la mer, où nos chaloupes faisaient de l'eau et
apportaient continuellement les munitions de guerre
et de bouche dont nous avions besoin. M. de Ricouart,
inspecteur général à la suite de l'escadre, resta en
rade, pour avoir soin de nous les envoyer, et de faire
fournir les matériaux nécessaires à l'établissement de
nos batteries sur l'île des Chèvres. Je formai, en même
temps, une compagnie de soixante caporaux, choisis
dans toutes les troupes, avec un certain nombre d'aides
de camp, de gardes de la marine et de volontaires,
pour me suivre dans l'action, et se porter avec moi sur
tous les points où ma présence pourrait être nécessaire.
Je fis aussi débarquer quatre petits mortiers portatifs

et vingt gros pierriers de fonte, afin d'en former une
espèce d'artillerie de campagne. M. le chevalier de
Beaune monta, à ce sujet, des chandeliers de bois à
six pattes ferrées, qui se fichaient en terre et sur lesquels
les pierriers se plaçaient assez solidement. Cette artillerie marchait dans le centre, au milieu du plus gros
bataillon, et quand on jugeait à propos de s'en servir, le
bataillon s'ouvrait.

« Le 15, voulant couper la retraite aux ennemis, et
leur faire voir que nous étions maîtres de la campagne,
je fis marcher toutes les troupes pour les déployer dans
la plaine, faisant avancer des détachements jusqu'à
portée de fusil de la place, qui tuèrent des bestiaux,
pillèrent des maisons sans que les ennemis se missent
en devoir de s'y opposer, et cela, sans doute, dans l'espérance que nous nous engagerions dans leurs retranchements, où notre défaite leur paraissait certaine par
la situation du terrain. Mais pénétrant bien leur intention, et voyant qu'ils ne bougeaient point, je fis retirer
les troupes, après avoir donné toute mon attention à
bien reconnaître le pays, que je trouvai si impraticable,
qu'il me parut impossible, même avec dix mille hommes,
de pouvoir jamais couper la retraite aux ennemis, ni les
empêcher de sauver leurs richesses. J'en fus entièrement convaincu, lorsque ayant remarqué un fort parti
de Portugais au pied des montagnes, je voulus le faire

couper par le bataillon du *Lys* et celui du *Magnanime*, que je fis couler à droite et à gauche; car, après une marche extrêmement pénible, ils rencontrèrent un marais profond et des halliers impénétrables, qui les arrêtèrent tout court et les obligèrent de s'en revenir.

« Le 16, un de nos détachements s'étant avancé, les ennemis firent jouer un fourneau avec tant de précipitation que son explosion ne produisit aucun effet. Ce même jour, je chargeai MM. de Beaune et de la Calandre d'établir une batterie de dix pièces de canon sur une presqu'île qui prenait à revers les batteries des Bénédictins, ces deux officiers poussèrent si vivement les travaux, que dans trente-six heures elle fut en état de tirer.

« Dans l'intervalle de tous ces mouvements, quelques partis ennemis, connaissant les routes du pays, se coulèrent le long des défilés et des bois qui bordaient notre camp, et après avoir tenté quelques attaques de jour, ils surprirent pendant la nuit trois de nos sentinelles, qu'ils enlevèrent sans bruit. Il y eut aussi quelques-uns de nos maraudeurs qui tombèrent entre leurs mains, et cet incident leur fit naître l'idée d'un stratagème assez singulier.

« Un Normand, nommé Dubocage, qui, dans les précédentes guerres, avait commandé un ou deux bâtiments français armés en corsaires, avait depuis passé

au service du Portugal. Il s'y était fait naturaliser, et il
était parvenu à monter avec un grade assez élevé sur les
vaisseaux de guerre; il commandait à Rio-Janeiro, le
second de ceux que nous y avions trouvés, et après l'avoir
fait sauter, il s'était chargé de la garde du retranchement du quartier des Bénédictins. Il s'en acquitta si
bien, et fit servir ses canons si à propos, que nos traversiers à bombes en furent très incommodés, ainsi que
plusieurs de nos chaloupes; une de ces dernières,
entre autres, chargée de quatre gros canons de fonte, fut
percée de deux boulets et elle allait couler bas, si je ne
m'en étais aperçu par hasard, en revenant de l'île des
Chèvres, et si je ne l'avais prise à la remorque de mon
canot. Ce Dubocage, voulant faire parler de lui, et
gagner la confiance des Portugais auxquels, comme
Français, il était toujours un peu suspect, imagina de
se déguiser en matelot, avec un bonnet, un pourpoint
et des culottes goudronnées. Dans cet équipage, il se
fit conduire par quatre soldats portugais dans la prison
où nos maraudeurs et nos sentinelles enlevées étaient
renfermés. On le mit aux fers avec eux, et il se fit
passer pour un matelot de l'équipage d'une des frégates
de Saint-Malo, qui, s'étant écarté de notre camp, avait
été pris par un parti portugais. Il joua si bien ce personnage, qu'il tira de nos pauvres Français, trompés
par son déguisement, toutes les lumières qui pouvaient

lui faire connaître le fort et le faible de nos troupes. D'après ces renseignements, l'attaque de notre camp fut résolue.

« Le 17, la garnison de Rio-Janeiro fit sortir de ses retranchements douze cents hommes de ses meilleures troupes, pour enlever un de nos postes avancés. Ce détachement se mit en marche avant que le jour parût, et s'avança, sans être découvert, jusqu'au pied de la montagne occupée par la brigade Goyon. Il fut immédiatement suivi par un corps de milice bourgeoise, qui se posta à moitié chemin de notre camp, à couvert d'un bois, et à portée de soutenir ceux qui devaient nous attaquer. Le poste avancé qu'ils avaient dessein d'enlever était situé sur une éminence à mi-côte, où il y avait une maison crénelée qui nous servait de corps de garde ; et quarante pas au-dessus, régnait une haie vive, fermée par une barrière. Les ennemis firent passer, lorsque le jour commença à paraître, plusieurs bestiaux devant cette barrière. Un de nos sergents et quatre soldats avides les ayant aperçus, ouvrirent la barrière pour s'en saisir, sans en avertir l'officier. Mais à peine eurent-ils fait quelques pas, que les Portugais embusqués firent feu, tuèrent le sergent et deux des soldats ; ils entrèrent ensuite, au pas de course, dans l'enceinte du poste, et montèrent vers le corps de garde. Le sieur de Liesta, qui le gardait avec cinquante soldats, quoique surpris et attaqué vivement, tint ferme, et donna le temps à M. le chevalier de Goyon d'y envoyer le sieur de Bourville, aide-major de sa brigade, avec les compagnies des sieurs Drouallen et d'Auberville, qui chassèrent les ennemis après leur avoir fait éprouver des pertes sensibles. Je fis interroger quelques-uns de leurs blessés sur les lieux mêmes, où j'arrivai assez à temps pour être témoin de la valeur des officiers qui défendaient ce poste. Le sieur de Pontlo-Coëtlogon, aide de camp de M. le chevalier de Goyon, y fut blessé, avec environ vingt-cinq soldats hors de combat. Ce même jour, la batterie de MM. de Beaune et de La Calandre ouvrit son feu contre les batteries et retranchements des Bénédictins.

« Le 19, M. de la Ruffinière m'ayant informé qu'il avait cinq mortiers et dix-huit gros canons en batterie sur l'île des Chèvres, je crus qu'il était temps de sommer le gouverneur de se rendre ; ce que je fis.

« Sur le refus plein de fermeté du gouverneur je résolus d'attaquer Rio à outrance. Je fus pour cet effet, avec M. le chevalier de Beaune, le long de la côte, depuis le camp jusqu'à l'île des Chèvres, reconnaître les endroits par où nous pourrions plus aisément forcer les ennemis. Nous remarquâmes cinq vaisseaux marchands, à demi-portée de fusil des Bénédictins, qui pouvaient servir d'entrepôt à une partie des troupes

qui seraient destinées à attaquer ce quartier. J'ordonnai
en conséquence qu'on fît avancer le vaisseau *le Mars*
entre nos deux batteries, pour le placer à portée de les
soutenir en cas de besoin.

« Le 20, je donnai ordre au vaisseau *le Brillant* de
venir mouiller près du *Mars*. Ces deux vaisseaux et
nos batteries firent un feu continuel qui rasa une partie des retranchements, et je disposai toutes choses
pour livrer l'assaut le lendemain à la pointe du jour.
Pour cet effet, aussitôt que la nuit fut close, je fis embarquer dans des chaloupes les troupes destinées à l'attaque des retranchements des Bénédictins, avec ordre
de s'aller loger, avec le moins de bruit possible, dans
les cinq vaisseaux marchands que nous avions remar-
qués. Elles se mirent en devoir de le faire; mais un
orage qui survint les ayant signalées à la lueur des
éclairs, les Portugais firent sur ces chaloupes un très
grand feu de mousqueterie. Les dispositions que j'avais
vues dans l'air m'avaient fait prévoir cet inconvénient,
et, pour y remédier, j'avais envoyé ordre, avant la
nuit, au *Brillant* et au *Mars*, et dans toutes nos batteries, de pointer de jour tous leurs canons sur les retranchements, et de se tenir prêts à tirer dans le moment qu'ils verraient partir le coup d'une pièce de la
batterie où je m'étais posté. Ainsi, dès que les ennemis
eurent commencé à tirer sur nos chaloupes, je mis moi-

même le feu au canon qui devait servir de signal,
lequel fut suivi d'une décharge générale et du feu continuel des vaisseaux et des batteries, qui, joint aux
éclats redoublés d'un tonnerre affreux et aux éclairs
qui se succédaient les uns aux autres, sans laisser
presque aucun intervalle, rendaient cette nuit épouvantable. La consternation fut d'autant plus grande parmi
les habitants, qu'ils crurent que j'allais livrer l'assaut
au milieu de la nuit.

« Le 21, à la pointe du jour, je m'embarquai avec
le reste des troupes, pour aller commencer l'attaque,
ordonnant à M. le chevalier de Goyon de filer le long
de la côte avec sa brigade, afin d'attaquer les ennemis
par différents endroits.

« Sur ces entrefaites, et au moment où tout allait
s'ébranler, le sieur de la Salle, qui avait été fait prisonnier avec M. Du Clerc, à qui il avait servi d'aide
de camp, s'étant échappé de la ville, vint nous rejoindre
et nous avertit que les habitants abandonnaient la place
avec une ardeur étonnante ; qu'en se retirant ils avaient
mis le feu à un des plus riches magasins de la ville, et
qu'ils avaient miné le fort des Jésuites et celui des Bénédictins pour faire périr une partie de nos troupes ;
qu'ayant compris de quelle importance un pareil avis
devait être pour nous, il avait tout risqué pour venir
nous le donner, et s'était échappé de sa prison à la

faveur du désordre général. Toutes ces circonstances, qui d'abord me parurent incroyables, et qui se trouvèrent cependant vraies, me firent précipiter notre marche. Nous nous emparâmes, sans résistance, et avec la précaution requise, des hauteurs de la Conception et des Bénédictins. Je descendis ensuite dans la place avec M. le chevalier de Courserac et huit compagnies de grenadiers, pour me rendre maître des forts de Saint-Sébastien, Saint-Jacques et de la Miséricorde, laissant à MM. de Goyon et de Beaune le commandement du reste des troupes, avec défense aux soldats, sous peine de la vie, de s'écarter ou de quitter leurs rangs.

« En entrant dans cette ville abandonnée, nous trouvâmes ce qui restait de prisonniers de la défaite de M. Du Clerc, qui, ayant brisé les portes de leur prison, s'étaient déjà répandus pour enfoncer et piller les maisons qu'ils connaissaient les plus riches. Cet exemple excita l'avidité des soldats et les porta à se débander ; ceux qui composaient les corps de garde et les patrouilles furent les premiers à augmenter le désordre pendant la nuit suivante, en sorte que, le lendemain matin, les trois quarts des magasins et des maisons se trouvèrent forcés, les vins répandus, les marchandises et les meubles épars au milieu des rues et dans la fange ; tout enfin dans un gaspillage et une confusion inexprimables. Je fis, sans rémission, casser la tête à quelques-uns des individus qui se trouvèrent surpris en flagrant délit de désobéissance à mes ordres. Mais ces châtiments réitérés n'étant pas capables d'arrêter les pillards, je pris le parti, pour sauver quelque chose, de faire travailler les troupes, depuis le matin jusqu'au soir, à porter dans des dépôts, placée sous bonne garde, tous les effets que l'on put ramasser, et M. de Ricouart fut chargé d'en dresser un état exact et de commettre des agents sûrs à leur conservation.

« Les prisonniers français délivrés furent consignés sur la hauteurs des Bénédictins, en attendant qu'on pût les transférer sur l'escadre. Ensuite je me rendis maître des forts et de tous les postes qui méritaient attention, et, après avoir fait éventer les mines, j'en laissai le commandement à M. le chevalier de Courserac, à qui je donnai ordre d'y distribuer sa brigade.

« Cela fait, je vins rejoindre MM. de Goyon et de Beaune, afin de conférer avec eux sur les moyen d'empêcher complètement les actes de pillage, dont le renouvellement me paraissait inévitable dans une ville abandonnée, et ouverte du côté de la terre et de la mer. Nous organisâmes immédiatement un service de police rigoureux qui appuya la défense signifiée, sous peine de mort, à tout soldat ou marin de l'escadre, de vaguer à travers les rues de Rio-Janeiro ou de pénétrer dans les maions. L'avidité du gain et la soif de détruire avaient si fort excité nos gens, qu'il fallut avoir recours aux mesures les plus menaçantes pour assurer l'exécution de mes ordres, et prouver que je ne reculerais devant aucune rigueur contre les délinquants.

« Le 23 j'envoyai sommer le gouverneur du fort Sainte-Croix, qui se décida à capituler. M. de Beauville, aide-major général, fut en prendre aussitôt possession, aussi bien que des forts de l'île de Ville-Gagnon, Saint-Jean, et des autres batteries qui couvraient l'entrée de la baie.

« J'appris, sur ces entrefaites, par différents nègres qui se rendirent à nous, que le gouverneur de la ville et l'amiral de la flotille portugaise, ayant ramassé les débris de la garnison et des milices de Rio à une lieue et demie de nous, attendaient un puissant secours commandé par Antoine d'Albuquerque, général des mines brésiliennes et homme de guerre fort estimé. Ainsi il était nécessaire de se précautionner contre les tentatives extérieures de l'ennemi. J'établis, pour cet effet, M. le chevalier de Goyon avec sa brigade dans les retranchements qui regardaient la plaine, et M. le chevalier de Beaune, avec le corps de bataille, sur la hauteur de la Conception, où mon quatier général fut également placé, pour être à portée de descendre dans la plaine et de secourir les postes qui en auraient besoin. A l'égard de la brigade de M. le chevalier de

Courserac, elle était déjà destinée à garder les forts et la hauteur des Jésuites.

« Ayant l'esprit en repos de ce côté-là, il fallait penser sérieusement aux intérêts du roi et à ceux des armateurs. Les Portugais avaient emporté leur or, brûlé les meilleurs vaisseaux et leurs magasins les plus riches, et tout le reste demeurait en proie à la fureur du pillage, qu'aucun châtiment ne pouvait contenir. D'ailleurs, il était impossible de conserver cette colonie, à cause du peu de vivres qui s'étaient trouvés dans la place, et de l'impossibilité de pénétrer dans l'intérieur du pays.

« Tout cela bien considéré, je pris le parti d'envoyer dire au gouvernenr que, s'il tardait plus longtemps à racheter sa ville par une bonne contribution, j'allais la réduire en cendres et en saper les fondements ; afin même de lui rendre cette menace plus sensible, je détachai deux compagnies pour aller brûler toutes les maisons de campagnes à une demi-lieue à la ronde, ce qui fut exécuté à la grande joie de nos gens. Mais ces deux compagnies étant tombées dans une embuscade très forte, elles auraient été taillées en pièces, si je n'avais eu la précaution de lancer à leur secours deux cents hommes de renfort, choisis parmi les grenadiers, et commandés par les sieurs de Brignon et de Chéridan. Ces deux officiers, soutenus en outre par la compagnie

de caporaux que j'avais formée pour ma garde, enfon-
cèrent les ennemis, en tuèrent bon nombre et mirent
le reste en fuite. Le commandant portugais, nommé
Amara, homme de courage et d'une belle réputation,
resta sur le terrain. M. de Brignon me présenta ses
armes et son cheval qui était d'une rare élégance.
M. de Brignon et M. Chéridan, et le sieur de Kerret-
Kavel, garde de la marine, se distinguèrent particulièrement dans cette affaire ; le sieur de Brignon, entre
autres, chargea le premier, la baïonnette au bout du
fusil, à la tête de sa compagnie, dont étaient officiers
les sieurs Dubodon et de Martonne, gardes de la marine.
Comme cet engagement pouvait devenir sérieux, je fis
avancer M. le chevalier de Beaune, avec six cents
hommes, qui pénétra plus avant, brûla la maison qui
servait de retraite aux Portugais, et se retira en bon
ordre.

« Le gouverneur, après cet échec, m'envoya un
mestre de camp et le président de la chambre coloniale
pour traiter avec moi. Ces deux personnages me représentèrent que le peuple les ayant abandonnés pour fuir
dans les montagnes avec ses effets les plus précieux,
il leur était impossible de trouver plus de six cent
mille cruzades pour la contribution que j'exigeais ;
encore me demandaient-ils un assez long terme pour
faire revenir l'or appartenant au gouvernement, que

l'on avait transporté bien avant dans les terres. Je rejetai cette proposition et congédiai ces députés, après leur avoir fait voir que je faisais miner les endroits que l'incendie ne pourrait atteindre. Cependant je restai encore six jours sans entendre parler du gouverneur. J'appris même qu'Antoine d'Albuquerque devait arriver incessamment, et qu'il avait dépêché un courrier pour donner avis de son approche. Je jugeai de là qu'il devenait indispensable de faire un effort décisif avant cette jonction, si je voulais tirer parti de ma victoire ; et, comme il n'y avait pas de temps à perdre, je fis mettre le lendemain, à la pointe du jour, toutes les troupes en marche, et, malgré la difficulté des chemins j'arrivai de bonne heure en présence des ennemis, si près d'eux, que l'avant-garde, commandée par M. le chevalier de Goyon, se trouva à demi-portée de fusil de la première hauteur qu'ils occupaient, et sur laquelle une partie de leurs forces parut en bataille. Le gouverneur, surpris, envoya deux officiers, pour me représenter qu'il m'avait offert tout l'or dont il pouvait disposer pour le rachat de sa ville ; qu'il lui était absolument impossible d'en trouver d'avantage ; que tout ce qu'il pouvait faire au monde était d'y ajouter dix mille cruzades de sa propre bourse, cent caisses de sucre et les bœufs dont j'aurais besoin pour la subsistance de mes troupes ; qu'après ses offres toutes loyales, j'étais le maître de l'attaquer, de le combattre, de détruire la colonie entière, et de prendre enfin tel parti que je voudrais.

« J'assemblai conseil là-dessus. Par une infinité de considérations sensibles, l'avis unanime de mes officiers fut d'accepter la proposition, plutôt que de tout perdre. Je me fis donner des otages, avec engagement formel de payer le tout sous quinze jours.

« Le lendemain, 11 octobre, Antoine d'Albuquerque arriva avec trois mille hommes de troupes, moitié cavalerie et moitié infanterie, et plus de six mille nègres bien armés ; ce qui nous engagea à nous tenir sur nos gardes.

« Cependant on travaillait toujours à transporter dans les vaisseaux de l'escadre le peu de sucre qui s'était trouvé, et à remplir les magasins des autres marchandises que l'on pouvait ramasser. Elles n'étaient malheureusement propres que pour la mer du Sud, et nous seraient restées en pure perte si on les avait rapportées en France. De plus, les vaisseaux ennemis, qui restaient étant dénués d'agrès et de munitions, n'étaient nullement en état d'entreprendre un long voyage ; il ne s'en trouva qu'un seul, de cent cinquante tonneaux, qui ne pouvait contenir qu'une partie des marchandises ; de manière que, pour sauver le reste, nous jugeâmes à propos, pour le bien du service, d'y joindre la frégate *la Concorde*. Après avoir pris là-dessus l'avis de M. Ricouart, inspecteur général de la marine à la suite de l'escadre, je fis travailler au chargement de ces deux vaisseaux avec toute la diligence et l'ordre qu'on y pouvait apporter. Il restait encore trois cent cinquante caisses de sucre qui ne pouvait trouver place dans les navires de l'escadre, à cause de la quantité d'eau qu'il leur était nécessaire pour le retour en France Je les fis charger dans la moins mauvaise de nos prises, que chaque vaisseau contribua à équiper, et dont M. de la Ruffinière voulut bien prendre le commandement. Toutes les autres furent vendues par MM. de Ricouart et de la Moinerie-Miniac, que je chargeai de ce détail, aussi bien que les marchandises qui se trouvèrent avariés, et dont on tira ce que l'on put.

« Le 11 novembre, les ennemis ayant achevé leur dernier payement, je leur remis la ville, fis embarquer les troupes, et gardai seulement les forts de Villegagnon, de l'ile des Chèvres, et de l'entrée de la baie, afin d'assurer notre départ

« Dès le premier jour que j'étais entré dans la ville j'avais eu un très grand soin de faire rassembler tous les vases sacrés, l'argenterie et les ornements des églises de Rio, et je les avais fait mettre, par nos aumôniers, dans de grands coffres, après avoir fait punir de mort tous les soldats et matelots qui avaient eu l'impiété de les profaner, et qui s'en étaient trouvés saisis. Lorsque je fus sur le point de partir, je confiai ce dépôt aux jésuites, comme aux seuls ecclésiastiques de ce pays-là qui m'eussent paru dignes de confiance, et je les chargeai d'en faire la remise à l'évêque du lieu. Je dois rendre à ces religieux la justice de dire qu'ils contribuèrent beaucoup à sauver la colonie, en portant le gouverneur à racheter sa ville sans quoi je l'aurais rasée de fond en comble, malgré l'arrivée de don Antoine d'Albuquerque avec toutes ses forces. Mais cette perte qui aurait été irréparable pour le roi de Portugal, n'eût été d'aucune utilité, ni d'aucune gloire pour notre expédition; cette considération me fit préférer la conduite à laquelle je m'étais arrêté.

« Avant de parler de mon retour en France, il est bien juste de témoigner ici que le succès de cette entreprise est dû à la valeur de la plupart des officiers en général, et à celle des capitaines en particulier; mais surtout à la fermeté et à la bonne conduite de MM. de Goyon, de Courserac, de Beaune et de Saint-Germain. Ces quatre officiers me furent d'une ressource infinie dans tout le cours des affaires, et j'avoue avec plaisir que c'est par leur activité, par leur courage et par leurs conseils, que je suis parvenu à surmonter un grand nombre d'obstacles qui me paraissaient au-dessus de nos forces.

« Le 13, après avoir fait mettre le feu aux vaisseaux portugais qui étaient échoués sous l'île des Chèvres, et à un bâtiment que l'on n'avait point trouvé à vendre, nous mîmes à la voile, avec environ trois mois d'eau et de vivres, embarquant avec nous un officier, quatre gardes de la marine et trois cent cinquante soldats qui restaient de la défaite de M. Du Clerc, et que nous avions trouvés dans un état à faire pitié. Tous les autres officiers avaient été envoyés à la baie de Tous-les-Saints. Je comptais bien aller les délivrer, et tirer même de cette colonie une nouvelle contribution ; mais nous avons été si cruellement traversés par les vents, que nous avons consommé plus de quarante jours à gagner seulement les hauteur de cette baie ; de manière qu'il nous restait à peine de quoi conduire en France l'escadre que le roi m'avait fait l'honneur de me confier, et qu'il ne m'était pas permis d'exposer témérairement. Je fus même obligé de laisser la prise commandée par M. de la Ruffinière, parce qu'elle me faisait perdre trop de chemin, et que, dans la disette de vivres où j'étais, le moindre retardement devenait d'une extrême conséquence. La frégate *l'Aigle* eut ordre de l'escorter jusqu'en France et de ne la point abandonner.

« Le même jour que l'escadre mit à la voile, les deux vaisseaux *la Notre-Dame-de-l'Incarnation* et *la Con-*

corde firent route pour la mer du Sud, équipés de tout ce qui leur était nécessaire.

« Après quarante jours de vents contraires, nous passâmes enfin la Ligne, le 25 décembre. Les vents étant devenus plus favorables, nous nous trouvâmes, le 19 janvier 1712, à la hauteur des îles Açores. Jusque-là, l'escadre s'était assez bien conservée; mais, le 20, nous fûmes pris, sur ces parages de trois coups de vent consécutifs, et si violents, qu'ils nous séparèrent tous les uns des autres. Les gros vaisseaux furent dans un extrême danger de périr; *le Lys*, que je montais, quoique l'un de mes meilleurs voiliers, ne pouvait gouverner par l'impétuosité du vent; et je fus obligé de me tenir en personne au gouvernail pendant plus de six heures, et d'être continuellement attentif à prévenir toutes les vagues qui pouvaient faire venir le vaisseau en travers. Mon attention ne put néanmoins empêcher que toutes mes voiles ne fussent emportées, que toutes mes chaînes de haubans ne fussent brisées les unes après les autres, et que mon grand mât ne rompît sur le pont. Nous faisions d'ailleurs de l'eau à trois pompes, et ma situation devint si pressante au milieu de la nuit, que je me trouvai dans le cas d'avoir recours aux signaux de détresse, en tirant des coups de canon et mettant des feux à mes haubans. Mais tous les vaisseaux de mon escadre étant, pour le moins, aussi maltraités que le mien, ne puren·

me conserver, et je me trouvai avec la seule frégate
l'Argonaute, montée par M. le chevalier Du Bois de
la Motte, qui, dans cette occasion, voulut bien s'exposer
à périr lui-même, pour se tenir à portée de me donner
du secours.

« Cette tempête continua pendant deux jours avec
la même violence, et mon vaisseau fut sur le point
d'en être abîmé, en faisant un effort pour joindre trois
de mes camarades, que je découvrais sous le vent. En
effet, ayant voulu faire vent arrière sur eux avec les
fonds de ma misaine seulement, une grosse vague vint
de l'arrière qui éleva ma poupe en l'air, et, dans le
même instant il en survint une autre, encore plus
grosse, de l'avant, qui, passant par-dessus mon beaupré et ma hune de misaine, engloutit tout le devant de
mon vaisseau jusqu'à son grand mât. L'effort qu'il fit
pour déplacer cette épouvantable colonne d'eau dont
il était affaissé, nous fit dresser les cheveux et envisager, pendant quelques instants, une mort affreuse et
inévitable au milieu des abîmes de la mer. La secousse
des mâts et de toutes les parties du vaisseau fut si
grande que c'est une espèce de miracle que nous n'y
ayons pas péri, et je ne le comprends pas encore.

« Cet orage apaisé, je rejoignis *le Brillant*, *l'Argonaute*, *la Bellone*, *l'Amazone* et *l'Astrée*. Nous mîmes
plusieurs fois en travers pour attendre le reste de

l'escadre; mais n'en ayant pas eu connaissance, nous rentrâmes dans la rade de Brest, le 6 février 1712. *L'Achille* et *le Glorieux* s'y rendirent deux jours après nous. *Le Mars*, ayant été démâté de tous ses mâts, se trouva dans un danger plus cruel encore, à cause de l'épuisement de ses vivres, et après avoir infinimen souffert, il arriva dans le port de la Corogne, d'où il se rendit au Port-Louis. *L'Aigle* relâcha à l'île de Cayenne, avec la prise, qu'il escortait ; il y périt à l'ancre, et son équipage s'embarqua dans cette prise pour revenir en France. A l'égard du *Magnanime* et du *Fidèle*, je me flattai longtemps, de jour en jour, de les voir arriver ; mais on n'en a eu depuis aucune nouvelle, et on ne peut douter à présent que, dans cette horrible tempête, il ne leur soit arrivé quelque aventure à peu près pareille à celle du *Lys*, et dont ils ont eu le malheur de ne se pas tirer comme moi. Ces deux vaisseaux avaient près de douze cents hommes d'équipage, et quantité d'officiers et de gardes de la marine, gens de mérite et de naissance, que je regretterai toujours infiniment ; mais entre autres, et surtout, M. le chevalier de Courserac, mon brave et fidèle compagnon d'armes, qui, dans plusieurs de mes expéditions, m'avait secondé avec une valeur peu commune, et qui rapportait en France la gloire distinguée de nous avoir frayé l'entrée du port de Rio-Janeiro, comme je l'ai dit. La tendre estime qui nous unissait depuis longtemps, et qui n'avait jamais été traversée par un moment de froideur, m'a fait ressentir sa perte aussi vivement que celle de mes frères. Ma confiance en lui était si grande, que j'avais fait charger sur *le Magnanime* plus de six cents mille livres en or et en argent. Ce vaisseau était, outre cela, rempli d'une grande quantité de marchandises. Il est vrai que c'était le plus grand de l'escadre, et le plus capable, en apparence, de résister aux efforts de la tempête, et à ceux des ennemis qui auraient pu l'assaillir dans sa route. Presque toutes nos richesses étaient donc embarquées sur ce navive et sur celui que je montais.

« Ces pertes furent énormes ; on en peut juger par la lecture de l'extrait général dressé à bord du *Lys*, **le 18 janvier 1712, par M. de Ricouart ; en voici le détail :**

1° Or en lingots et en poudre, 1,624 livres, 18 gros ;

2° Monnaies neuves d'or, 2,310 livres ;

3° Monnaies vieilles d'or, 222 livres et demie ;

4° Écus de Portugal, 740 livres et demie ;

5° Testons, 27 livres et demie ;

6° Argenterie non pesée, 4 bahuts pleins ;

7° Piastres, 20,000, en cinq caisses ;

8° Rançons, 3,500 livres sterlings, en une lettre de change ;

9° Sucre, 1,484 caisses, 3 barriques, 2 quarteaux ;

10° Canons de fonte, 27 du calibre de 8 et 10 livres de balles;

11° Barbes de baleines, 1,167 grosses et petites;

12° *Idem.*, de moindre qualité, 50 grosses et petites;

13° Toiles à voiles, 750 paquets, en pièces ou en morceaux;

14° Canons de fer, 37 de divers calibres;

15° Pierriers, 2;

16° Boîtes d'artifices, 7;

17° Vaisseaux, 2, chargés de toute sorte de basses marchandises, qui sont allées à la mer du Sud.

« Les retours du chargement de ces deux vaisseaux, joint à l'or et aux effets apportés de Rio-Janeiro sur mon navire, payèrent la dépense de mon armement et donnèrent encore quatre-vingt-douze pour cent de profit à ceux qui s'y étaient intéressés. Il est en outre resté à la mer du Sud pour plus de cent mille piastres de mauvais crédits, par la friponnerie de ceux auxquels on s'est confié. Cette perte, jointe à celle des vaisseaux *le Magnanime*, *le Fidèle* et *l'Aigle*, fit manquer encore cent pour cent de bénéfices. Ce sont de ces malheurs que toute la prudence humaine ne peut empêcher.

« Les avantages que l'on a tirés de cette expédition sont petits, en comparaison du dommage que les Portugais en ont souffert, tant par la contribution à laquelle je les soumis, que par la perte de quatre vaisseaux et

de deux frégates de guerre, outre une prodigieuse quantité de marchandises brûlées, pillées, ou embarquées
sur notre escadre. Le seul bruit de cet armement causa
une grande diversion et beaucoup de dépenses aux Hollandais et aux Anglais. Ces derniers mirent d'abord en
mer une flotte de vingt navires de guerre, dans le dessein de me bloquer dans la rade de Brest ; et appréhen-
dant que mon armement ne fût destiné à porter le pré-
tendant en Angleterre, ils rappelèrent de Flandre six
mille hommes de leurs troupes, et se donnèrent de
grands mouvements pour se mettre en état de s'opposer
à une descente sur leurs côtes. Ils envoyèrent en même
temps des vaisseaux d'avis et des navires de guerre
dans leurs principales colonies, avec une inquiétude
d'autant plus grande qu'ils ignoraient absolument mes
projets. »

Deux mois après son arrivée à Brest, Duguay-Trouin
se rendit à Versailles, « pour faire sa cour au roi »,
ainsi qu'il le dit franchement dans les dernières pages
de ses *Mémoires*. Il fut gratifié d'une pension de deux
mille livres sur les revenus de l'ordre de Saint-Louis
et, dans le courant d'août 1715, le roi le nomma chef
d'escadre.

Peu de temps après Louis XIV mourait et notre héros se retira en province.

La paix que Louis XIV laissa en mourant ôta bien

à cet illustre marin les moyens qu'on regarde comme les plus éclatants, de faire valoir son zèle pour l'honneur et les intérêts de la France, mais ce zèle ne demeura pas inutile. Il ne serait, en effet, guère possible qu'un homme qui possède tous les talents d'un art aussi difficile que celui de la guerre, n'en eût pas plusieurs de ceux qui servent pendant la paix. Les soins et l'intelligence pour perfectionner la construction des vaisseaux, la vigilance et l'ordre pour entretenir la discipline dans les ports où Duguay-Trouin commandait, sont des choses moins brillantes que des combats, mais dont il s'acquittait avec la même ardeur, parce qu'il savait qu'elles ne sont pas moins importantes.

La confiance qu'avait en lui le duc d'Orléans, régent pendant la minorité de Louis XV, se manifesta dans une occasion qui avait un rapport immédiat avec le bien de l'État. Le régent jugea qu'un homme tel que Duguay-Trouin serait fort utile dans le Conseil de la Compagnie des Indes; il le nomma à cette fonction, à la tête de quelques officiers de marine. Quoique sa santé, presque entièrement ruinée par vingt années de fatigues, ne lui permettait guère, alors, ni d'assister aux assemblées, ni de s'appliquer à dès matières qui demandaient une attention puissante et soutenue, Duguay-Trouin, oubliant, avec un dévouement sans pareil, toutes ses incommodités, ne pensa plus qu'à répondre à la confiance du gouvernement. Il allait, toutes les semaines, porter aux ministres les réflexions qu'il faisait, tant sur l'administration générale de la Compagnie, que sur les divers détails des services qu'elle pouvait rendre. Tournant alors toutes ses vues vers le commerce des Indes, c'est-à-dire sur le nombre de bâtiments qu'on devait y expédier, et sur les marchandises qui devaient former leur cargaison, afin que, non seulement la compagnie pût se mettre en mesure de fournir le royaume de tous les produits nécessaires à la consommation publique, mais encore afin que toutes les denrées des Indes devinssent assez communes, et à un prix assez bas pour faire cesser le profit qu'en tiraient les étrangers, qui nous les revendaient de seconde main, Duguay-Trouin retrouva, dans son zèle infatigable, assez de force pour diriger presque à lui seul les opérations principales de cette entreprise. Le cardinal Dubois, juste appréciateur de son mérite, lui témoigna constamment les mêmes sentiments d'estime, poussant envers lui la familiarité jusqu'à l'appeler son ami, en plein conseil ; mais la mort l'enleva presque subitement, au moment où l'illustre marin allait recueillir les fruits de sa bienveillance.

Le régent s'étant chargé des fonctions de premier ministre, à la majorité de Louis XV, devint un nouveau protecteur pour Duguay-Trouin. La première grâce qu'en obtint celui-ci fût d'être dispensé de la pénible obligation d'assister à toutes les séances du conseil des Indes. Il n'eut plus d'autre charge que celle de venir, une fois par semaine, conférer avec le prince, au Palais-Royal, sur les questions de marine et de commerce qui réclamaient ses lumières.

La mort du duc d'Orléans, qui suivit de près celle de Dubois, ne fit pas oublier notre héros. Le roi le nomma, presque en même temps, commandeur de l'ordre de Saint-Louis, le 1er mars 1728, et lieutenant général des armées navales, le 27 du même mois. Le comte de Maurepas lui procura, en 1731, le commandement d'une escadre que le roi envoyait dans le Levant pour châtier les Barbaresques. Elle était composée des vaisseaux *l'Espérance,* de soixante-douze canons, sur lequel Duguay-Trouin porta son pavillon ; *le Léopard,* de soixante canons, commandé par M. de Chamilly ; *le Toulouse,* de soixante, monté par M. de Voisins ; et *l'Alcyon,* de cinquante-quatre, dont le capitaine était M. de Lavalette-Thomas.

Cette escadre, destinée à soutenir l'éclat de la nation française dans toute la Méditerranée, mit à la voile le 3 juin 1731. Elle arriva bientôt sur la rade d'Alger, où Duguay-Trouin se fit rendre par le dey plusieurs esclaves italiens capturés sur nos côtes. De là, elle se rendit à Tunis, où il obtint satisfaction des griefs que faisaient naître, depuis quelque temps, les entreprises des corsaires de cette régence barbaresque. Passant ensuite à Tripoli de Barbarie, Duguay réussit à affermir, par ses sages négociations, la bonne intelligence qui régnait avec le pacha de ce pays, dont il reçut le traitement le plus honorable.

A la suite de ces succès, il jugea à propos, pour abréger la campagne, de détacher *le Léopard* et *l'Alcyon*, qui furent visiter Alexandrie, Saint-Jean-d'Acre et Seyde, tandis qu'il allait avec *l'Espérance* et *le Toulouse* à Alexandrette et à Tripoli de Syrie. L'escadre se rallia dans les eaux de l'île de Chypre, et, après avoir mouillé dans différentes îles de l'Archipel, se rendit à Smyrne. Duguay-Trouin se montra, dans toutes ces contrées, avec la dignité de caractère qui rehaussait sa mission, et régla, avec autant d'habileté que de droiture, les intérêts nationaux dont il était chargé. Il revint ensuite à Toulon, où il débarqua le 1er novembre.

Après cette expédition pacifique, plusieurs années s'écoulèrent, pour Duguay-Trouin, dans une complète inaction. Mais la guerre s'étant rallumée en 1733, et les armements que faisaient les Anglais ayant excité de vives inquiétudes, il fut investi du commandement d'une nouvelle escadre équipée à Brest. Au sortir d'une si longue paix, l'espoir prochain de signaler son zèle pour le service de l'État lui fit oublier tous les accidents qui menaçaient sa santé chancelante. Jamais officier, dans la fleur de son âge, animé de la soif la plus ardente de gloire et de renommée, ne montra plus de dévouement ni plus d'activité. Duguay ne cessait de visiter, l'un après l'autre, tous les vaisseaux qu'on armait; chaque jour, il faisait faire aux troupes de nouveaux exercices, et surtout des simulacres de descentes, manœuvre qu'il regardait, avec raison, comme celle de toutes les opérations navales qui exige le plus d'ordre et de précaution.

Cependant, ces brillants préparatifs furent inutiles. Les vaisseaux, sans être sortis de la rade, rentrèrent dans le port, et la confirmation de la paix fit perdre à Duguay toutes les espérances qu'il avait conçues. Le chagrin qu'il éprouva de cette déception réveilla ses souffrances, qui ne cédaient momentanément qu'à l'énergie de son âme. Il fut bientôt réduit à un tel état d'épuisement, que, s'étant fait transporter à grand peine à Paris, il dut bientôt reconnaître que tous les secours de la médecine seraient impuissants contre les progrès de son mal.

La mort qu'il avait méprisée dans tant de combats, mais qui a frappé d'effroi plus d'un grand capitaine sur son lit de douleur, ne lui causa aucune angoisse. Il l'attendit avec toute la fermeté dont s'enveloppe un cœur courageux et résigné ; il expira le 27 septembre 1736.

Duguay-Trouin possédait une de ces physionomies dont le caractère se révèle au premier coup d'œil. Il était d'une taille avantageuse et bien proportionnée, et il avait, pour tous les exercices du corps, une aptitude, un goût et une adresse qui l'avaient servi dans plus d'une occasion. Son tempérament le portait à la tristesse, ou du moins à une espèce de mélancolie qui ne lui permettait pas de se prêter à toutes les conversations mondaines ; et l'habitude qu'il avait d'occuper sans cesse son esprit à la méditation de grands projets, l'entretenait dans cette indifférence profonde pour toutes les légèretés dont se remplit la vie de la plupart des hommes. Souvent, après lui avoir parlé longtemps, on s'apercevait qu'il n'avait ni écouté, ni entendu. Son esprit était cependant vif et juste ; personne ne jugeait mieux que lui tout ce qui était nécessaire pour assurer le succès d'une entreprise, comme aussi toutes les raisons ou les obstacles qui pouvaient la faire avorter. Aucune considération générale, aucune question de détail ne lui échappait. Lorsqu'il formait un projet, il semblait qu'il ne comptât pour rien sa valeur guerrière, et qu'il ne dût réussir qu'à force de prudence : lorsqu'il exécutait, il paraissait pousser la confiance jusqu'à la témérité. Il avait, comme on l'a observé, et comme il l'avouait lui-même, certaines opinions singulières sur la prédestination et sur les pressentiments. S'il est vrai que ces opinions peuvent contribuer à la sécurité dans les périls, il n'est pas moins vrai qu'il n'y a que les âmes fortement trempées chez qui elles puissent avoir assez d'empire pour les faire agir conséquemment. Le caractère de Duguay-Trouin était digne des temps antiques. Jamais homme ne porta plus haut le sentiment et les délicatesses de l'honneur, et jamais homme ne fut, en même temps, d'un commerce plus sûr et plus doux ; jamais ses grandes actions, ni l'éclat de ses succès ne modifièrent la simplicité de ses mœurs. A l'époque de sa plus vive renommée, il vivait avec ses anciens amis, comme il eût fait, s'il n'eût eu que le même mérite et la même fortune qu'eux.

C'est par ces qualités franches, par ce mélange heureux de douceur et de force, qu'il se fit aimer. On lui reprochait, il est vrai, une certaine dureté dans son application à maintenir la discipline militaire ; mais ceux-là mêmes qui pouvaient s'en plaindre étaient forcés de reconnaître sa nécessité.

Enfin, Duguay-Trouin mourut pauvre, et c'est là son plus bel éloge.

FIN

TABLE

CHAPITRE PREMIER

Pages.

Sa famille; sa jeunesse. — Guerre avec l'Angleterre et la Hollande. — Campagnes de 1689 à 1696. — Sa captivité à Plymouth; son évasion   5

CHAPITRE II

Croisière sur les côtes d'Angleterre et d'Irlande. — Le roi lui envoie une épée d'honneur. — Conflit avec M. de Feuquières. — Campagne des côtes d'Espagne. — Mort de l'un de ses frères. — Il est nommé capitaine de frégate.   32

CHAPITRE III

Croisières des îles Orcades, de la Manche et des îles Sorlingues. — Il est nommé capitaine de vaisseau. — Mort de son plus jeune frère. Croisière sur les côtes du Portugal.   71

CAAPITRE IV

Nouvelle campagne sur les côtes d'Espagne. — Il est nommé chevalier de Saint-Louis, puis chef d'escadre intérimaire. — Nouvelle campagne dans la Manche. — Il reçoit une pension de mille livres. — Campagne de 1708.   108

CHAPITRE V

Pages.

Affaire du cap Lézard. — Le roi lui accorde des lettres de noblesse. — Campagne sur les côtes d'Angleterre et d'Irlande. — Ruiné par les frais de ses armements, il conçoit l'idée d'une entreprise sur le Brésil; son projet est accepté. — Convention conclue à cet effet entre le roi, Duguay-Trouin et les armateurs de Saint-Malo   153

CHAPITRE VI

Campagne du Brésil. — Mémoire justificatif de sa conduite. — Il est nommé chef d'escadre titulaire. — Il fait partie du Conseil de la Compagnie des Indes. — Il est nommé commandeur de Saint-Louis, puis lieutenant-général des armées navales. — Campagne du Levant. — Sa mort. — Son portrait   187

FIN DE LA TABLE.

Soc. d'imp. Paul Dupont Paris, 41, rue J.-J.-Rousseau (Cl.). 1. .84.

www.ingramcontent.com/pod-product-compliance
Lightning Source LLC
Chambersburg PA
CBHW061937080726
47597CB00011B/617